上海市社科规划课题一般项目资助（2014BFX009）

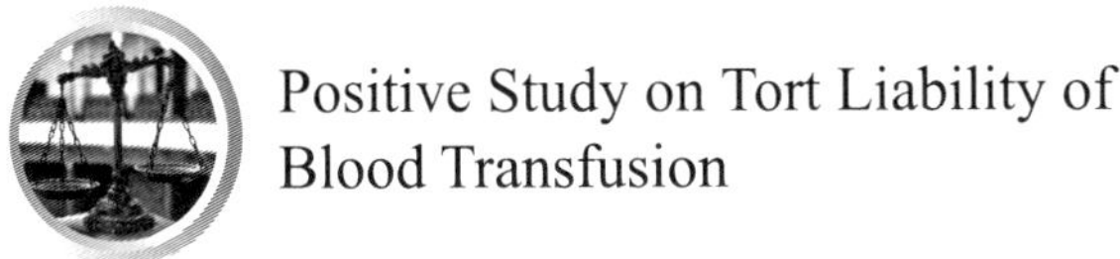

Positive Study on Tort Liability of Blood Transfusion

输血感染病毒侵权责任实证研究

董春华 著

序 言

在任何国家,人均会因为这样或者那样的原因而生病,完全不生病的人是根本不存在的,也是不可能的。一方面,基于遗传学方面的原因或者基于其他方面的原因,一个人一生下来就可能疾病缠身,身体官能或者精神官能可能存在这样或者那样的问题。另一方面,即便一个人在出生时健健康康、无病无痛,从出生之日起到死亡时止,也不可能一辈子不生病。因为,在其一生中,他的身体官能和精神官能均会面临各种各样的危险,包括内在危险和外在危险,使其身体官能和精神官能不堪重负,并最终成为病人。不同的是,某些人生病的次数要多一些,或生病的时间要长一些,或生的病要严重一些,等等。因此,在生病方面,所有人均是平等的,而在生病的频率、期限或者程度等方面,人与人之间则存在差异。

有些人生病时,未必一定会到医院、其他医疗机构(以下统称为医疗机构)接受医师的诊疗,此时,便无所谓因为输血感染而遭受损害的问题,医疗机构也无所谓因为输血感染而要对病人承担损害赔偿的责任问题。但是,一旦某人因为生病而到医疗机构就诊,就有可能面临遭受损害的问题,医疗机构也可能面临医疗损害赔偿责任的承担问题。如果医师在诊疗他人的疾病时没有尽到合理的注意义务并因此导致他人遭受损害,在医师的过错行为与他人遭受的损害存在因果关系的情况下,医疗机构应当就其医师实施的过错行为对他人承担赔偿责任。此时,它们所承担的赔偿责任或者是违约责任,或者是侵权责任，或者是违约责任和侵权责任的竞合。[①]

问题在于，如果某人因为生病而到医疗机构寻求医师的诊疗，在接受诊疗时，医师将感染了某种病毒的血液输入他人的体内，是否能够要求医师所在的医疗机构对其遭受的损害承担赔偿责任，医疗机构是否应当对其遭受的损害承担赔偿责任？如果能够要求医疗机构对其遭受的损害承担赔偿责任，究竟是要求医疗机构对其遭受的损害承担过错责任，还是要求医疗机构对其遭受的损害承担无过错责任？在要求医疗机构对其遭受的损害承担赔偿责任时，医疗机构是否能够借口受感染的血液是由血液中心供应的理由而拒绝对其遭受的损害承担赔偿责任？

对于这样的问题，在我国《侵权责任法》制定之前，立法者并没有做出明确的回答；而在《侵权责任法》制定之后，立法者虽然做出了回答，但是，他们的回答似乎也不清不楚、不明不白，至少在我国的许多民法学者和法官看来是如此。

一、《民法通则》在表面上适用于血液感染案件

在我国，虽然立法者早在1986年就已经制定了《民法通则》，但是，在这一部具有重大意义的法律中，他们并没有对血液感染引起的侵权责任制度作出特别规定。因为，在《民法通则》第六章“民事责任”第三节“侵权的民事责任”中，我国立法者仅仅对几种特殊的侵权责任制度作出了规定，诸如侵害他人财产权的侵权责任（《民法通则》第117条）、侵害他人知识产权的侵权责任（《民法通则》第118条）、国家就其机关或者机关工作人员的侵权行为承担的侵权责任（《民法通则》第121条）和产品责任（《民法通则》第122条）。

然而，虽然《民法通则》没有直接对血液感染引起的侵权责任作出明确规定，但病人因为输血而感染某种病毒时，仍然能够根据《民法通则》的规定要求医疗机构对其遭受的损害承担赔偿责任，因为，

---

① 张民安著：《侵权法上的作为义务》，法律出版社2010年版，第694～697页。

《民法通则》第106条和第119条均保护他人的身体权、健康权和生命权免受医疗机构的侵犯。《民法通则》第106条规定：公民、法人违反合同或者不履行其他义务的，应当承担民事责任。公民、法人由于过错侵害国家的、集体的财产，侵害他人财产、人身的，应当承担民事责任。没有过错，但法律规定应当承担民事责任的，应当承担民事责任。《民法通则》第119条规定：侵害公民身体造成伤害的，应当赔偿医疗费、因误工减少的收入、残废者生活补助费等费用；造成死亡的，并应当支付丧葬费、死者生前扶养的人必要的生活费等费用。

当医疗机构将感染病毒的血液输入病人的体内时，当然违反了《民法通则》第106条的规定，因为一方面，在给病人输血时，它们既违反了对病人所承担的暗含契约义务，也违反了对病人所承担的法定义务；另一方面，它们违反契约义务和法定义务的行为导致他人的人身遭受了损害。当医疗机构将感染病毒的血液输入病人的体内时，应当根据《民法通则》第119条的规定赔偿病人所受到的损害，因为，在医疗机构将感染病毒的血液输入他人体内时，他人的健康遭受了损害，在他人因此而死亡时，他人的生命权也遭受了损害。

二、国务院《医疗事故处理办法》将《民法通则》相关规定架空

在理论上，如果病人因为血液感染而遭受了损害，他们当然有权要求医疗机构对其遭受的损害承担赔偿责任，医疗机构也应当对其病人因血液感染而遭受的损害承担赔偿责任。但实际上，在相当长的一段时期内，此种理论上的可能性是不存在的，在他人因为血液感染而遭受损害时，他人所遭受的损害根本无法得到赔偿，医疗机构根本无须对他人遭受的损害承担赔偿责任，即便《民法通则》的规定明白无误、言之凿凿，它也无法对他人提供现实的保护。

问题出在什么地方？问题出在国务院于1987年颁布的行政规章《医疗事故处理办法》和地方各级法院对《民法通则》相关规定的排除。1987年6月29日，国务院发布了《医疗事故处理办法》。《医疗事故处理办法》共6章29条，分别对总则、医疗事故的分类和等

级、医疗事故的处理程序、医疗事故的鉴定和医疗事故的处理等问题作出了规定。由于国务院的《医疗事故处理办法》遭到了社会公众尤其是病人的强烈反对，国务院不得不在 2002 年 2 月 20 日正式废除了《医疗事故处理办法》，并且以《医疗事故处理条例》取而代之。国务院的《医疗事故处理条例》共 7 章 63 条，分别对总则、医疗事故的预防与处置、医疗事故的技术鉴定、医疗事故的行政处理与监督、医疗事故的赔偿等内容作出了规定。

虽然《医疗事故处理条例》在某些方面不同于《医疗事故处理办法》，但是，《医疗事故处理条例》实际上也是“换汤不换药”。无论是《医疗事故处理条例》还是《医疗事故处理办法》，它们的目的是完全一致的，即保护医疗机构的利益，防止它们因其过错行为引起的对病人的损害承担赔偿责任。之所以这样讲，其原因有二：其一，这两个行政规章均规定，仅在医疗机构的行为构成医疗事故的情况下，医疗机构才对病人遭受的损害承担赔偿责任，如果它们的行为在性质上不构成医疗事故，则即便行为严重侵犯病人的利益，也不对病人遭受的损害承担赔偿责任；其二，医疗机构的行为是否构成医疗事故，判断者并不是法院或者法院成立的司法鉴定机构，而是卫生行政部门成立的医疗事故技术鉴定委员会或者医学会成立的医疗事故技术鉴定委员会。

在病人因为医疗侵权纠纷而与医疗机构发生纠纷时，如果病人向法院起诉，要求法官责令医疗机构对其遭受的损害承担赔偿责任，法官在相当长的一段时期内均会置《民法通则》的相关规定于不顾，直接适用国务院的这两个行政规章，除了导致国务院的行政规章取代全国人大的法律外，还导致了病人的利益被大范围牺牲的问题。更加激化了社会矛盾，使医患关系在相当长的一段时期内空前紧张。

就输血感染问题而言，虽然《医疗事故处理办法》没有对这样的问题作出规定，但是，实际上它否定了医疗机构就其输血感染行为引起的损害对他人承担的赔偿责任，因为即便医疗机构将感染病毒的血液输入他人体内，并因此导致他人健康权遭受损害，它们的输血行为也不构成该办法所规定的医疗事故。《医疗事故处理办法》第2条规定,只有直接造成病员死亡、残废、组织器官损伤导致功能障碍的诊疗行为才构成医疗事故,输血感染显然不符合这样的标准或者条件。

虽然《医疗事故处理条例》第2条最终放弃了《医疗事故处理办法》第2条所规定的医疗事故概念,并因此让输血感染有可能构成该条所规定的医疗事故,但是,在输血感染的问题上,它明确区分两种不同的情况即"无过错输血感染"和"有过错输血感染"。其认为在前一种情况下,医疗机构的行为不构成医疗事故,无须对病人遭受的损害承担赔偿责任,这就是《医疗事故处理条例》第33条(四)项的规定:"无过错输血感染造成不良后果的,不属于医疗事故。"此条规定会让医疗机构几乎不就其输血感染行为引起的损害对病人承担赔偿责任,因为医疗机构输入病人体内的血液往往都是血液中心提供的,并不是它们自己供应的,在输血感染案件发生之后,它们能够凭借这一点轻易逃避自己的责任,并因此将责任推给血液中心。

三、《侵权责任法》第59条规定的侵权责任在性质上属于过错侵权责任

2009年12月26日,全国人大常委会通过了《侵权责任法》,除了对一般侵权责任制度作出了规定,也对众多的具体侵权责任制度作出了规定。其中最重大的一个创新是,它在我国的民法史第一次将医疗损害赔偿责任看作一种独立的侵权责任制度,这就是《侵权责任法》第七章。

《侵权责任法》第七章的规定意义重大,除了对诸如医师的说明义务、警告义务以及医师过错责任的判断标准等作出了明确规定之外,该章最大的意义还有两方面:其一,彻底否定了行政机关和行政规章在医患纠纷当中所起到的作用,第一次明确认定,在医患之间发生了纠纷时,法官应当直接适用全国人大常委会所制定的法律即《侵权责任法》,不得再用各种各样的理由适用国务院的行政规章;

其二,废除了国务院的《医疗事故处理条例》和《医疗事故处理办法》完全将天平倾向于医疗机构的做法,第一次在医疗机构和患者之间实现了利益平衡,既防止过分保护医疗机构的利益而严重牺牲病患者利益情况的出现,也防止了过分保护病患者的利益而牺牲医疗机构利益的情况出现。

此种利益平衡的最佳表现是,在医患纠纷发生时,如果病患者向法院起诉,要求法官责令医疗机构就其过错诊疗行为引起的损害对自己承担赔偿责任,他们应当承担举证责任,证明医师在诊疗自己的疾病时存在过错,医疗机构无须承担举证责任,证明自己没有过错。如果病患者无法承担举证责任,证明医师有过错,则即便他们遭受损害,他们也不得要求医疗机构对其遭受的损害承担赔偿责任。在将诊疗过错的举证责任加给病患者时,《侵权责任法》也对此种规则设定了例外,在例外情况下,病患者无须承担举证责任,证明医师存在过错。《侵权责任法》明确规定,如果医疗机构违反法律、行政法规、规章以及其他有关诊疗规范的规定隐匿或者拒绝提供与纠纷有关的病历资料,或者伪造、篡改或者销毁病历资料,则推定它们有过错,应当对病患者遭受的损害承担赔偿责任,除非它们能够反证在行为时没有过错。

除了对其他的医疗损害赔偿责任作出了规定,《侵权责任法》第七章也对输血感染侵权责任制度作出了规定,即《侵权责任法》第59条。该条规定:因药品、消毒药剂、医疗器械的缺陷,或者输入不合格的血液造成患者损害的,患者可以向生产者或者血液提供机构请求赔偿,也可以向医疗机构请求赔偿。患者向医疗机构请求赔偿的,医疗机构赔偿后,有权向负有责任的生产者或者血液提供机构追偿。

问题在于,《侵权责任法》第59条所规定的侵权责任在性质上究竟是什么责任,是过错侵权责任还是无过错责任?对此问题,不同的学者有不同的解读。某些民法学者认为,对于第59条所规定的侵权责任应当区别对待,即明确区分该条所规定的"药品、消毒药剂、医疗器械的缺陷"所产生的责任和"输入不合格的血液"所产生的责任。在前一种情况下，行为人所承担的侵权责任在性质上属于产品责任、无过错责任；而在后一种情况下，行为人所承担的侵权责任在性质上则属于过错责任。而某些民法学者则认为，在理解第59条所规定的侵权责任性质时，人们无须做出这样的区分，而应当将两种统一对待，即无论是“药品、消毒药剂、医疗器械的缺陷”所产生的责任还是“输入不合格的血液”所产生的责任，在性质上均属于无过错责任、产品责任。

关于这些民法学者的不同意见，董春华博士在其《输血感染病毒侵权责任实证研究》一书中做出了详尽的阐述，并且得出了自己的结论，即《侵权责任法》第59条所规定的“输入不合格的血液”所产生的侵权责任在性质上属于过错责任，不属于无过错责任。是什么导致董春华博士得出这样的结论？答案在于，坚持过错责任说之依据，并非第59条的文意理解，而是基于对该条的实质性解释。简言之，”不合格血液“与”缺陷药品、消毒药剂、医疗器械“存在本质区别，将输血致害纳入第59条的初衷是方便患者求偿及医疗机构与血液中心的责任分配和单向追偿。董春华博士的此种结论是准确的，论证也是严密的。

笔者完全赞同董春华博士的上述结论，认为该条所规定的血液感染侵权责任在性质上不属于无过错责任，而属于一般过错侵权责任。除了董春华博士所详尽阐述的各种各样的理由之外，笔者另外提供两个理由：

其一，该条所规定的侵权责任被置于《侵权责任法》第七章中，属于该章规定的“医疗损害责任”的组成部分。而该章规定的“医疗损害责任”在原则上属于一般过错责任，在例外情况下则属于过错推定责任。除了该章第58条规定的侵权责任在性质上属于过错推定责任之外，该章所规定的所有其他侵权责任在性质上均属于一般过错侵权责任，这就是该章第54条的明确规定：患者在诊疗活动中受到损害，医疗机构及其医务人员有过错的，由医疗机构承担赔偿责任。当医师将感染病毒的血液输入到病人体内时，他们所实施的输血行为属于该条所规定的“诊疗活动”,因此,在有过错的情况下,医疗机构应当对病患者遭受的损害承担赔偿责任。

其二,判断医师在给病人输血时是否有过错,其判断标准并不是《侵权责任法》第57条所规定的标准,而是第59条自身所规定的一种标准。在民法上,在判断行为人所实施的致害行为是不是过错行为时,人们采取两种不同的判断标准,这就是合理注意义务的判断标准和达到某种确定效果的判断标准。

根据前一种判断标准,如果行为人在行为时尽到了一个有理性的人在同样或者类似情况下所能够尽到的注意义务,即如果行为人在行为时尽到了合理注意义务,则即便他们的行为引起了他人损害的发生,也无须对他人遭受的损害承担赔偿责任。反之,如果行为人在行为时没有尽到一个有理性的人在同样或者类似情况下所能够尽到的注意义务,即如果行为人在行为时没有尽到合理注意义务,他们应当就其行为引起的损害对他人承担侵权责任。在法国,此种判断标准被视为手段债的判断标准,它要求行为人尽力而为。[①] 此种理论除了在其他侵权领域适用之外,也在医疗损害赔偿责任领域适用,这就是我国《侵权责任法》第57条的规定,该条规定:医务人员在诊疗活动中未尽到与当时的医疗水平相应的诊疗义务,造成患者损害的,医疗机构应当承担赔偿责任。

而根据后一种判断标准,无论行为人在行为时是否尽到了合理注意义务,如果他们的行为没有达到某种确定的效果,或者没有取得某种确定的结果,则他们的行为就构成过错,应当对他人遭受的损害承担赔偿责任。反之,如果他们的行为已经达到某种确定的效果,或者已经取得某种确定的结果,则他们的行为不会构成过错,无须对他人遭受的损害承担赔偿责任。此种判断标准被视为结果债的判断标准,它以行为人的行为明确达到某种确定的效果,或者取得某种确定的结果作为判断标准,不以行为人在行为时是否尽到了合理注意义

① 张民安著:《法国民法》,清华大学出版社2015年版,第270页。

务作为判断标准。[①]

例如，如果承运人明确承诺会在明天上午12点钟之前将乘客运送到目的地，如果他们在第二天上午12点之前没有将乘客运送到目的地，则他们的运送行为将构成过错行为，应当对其乘客遭受的损害承担赔偿责任。如果医师明确承诺治好病患者的疾病，在他们没有治好病患者的疾病时，他们的治疗行为就构成过错。在这两种情况下，承运人和医师是否尽到了合理注意义务，并不是判断他们是否存在过错的根据。相反，是否按照承诺的时间将乘客运送到目的地、是否按照承诺的结果治好病患者的疾病，才是判断他们是否有过错的标准。

当医疗机构将感染病毒的血液输送到病患者的体内时，如果他们在输血时有过错，则他们应当对病患者因此遭受的损害承担赔偿责任。反之，如果他们在输血时没有过错，则他们无须对病患者遭受的损害承担赔偿责任。问题在于，如何判断医疗机构在输血时是否有过错？在判断医疗机构是否存在输血过错时，人们不能够采取《侵权责任法》第57条所规定的合理注意义务标准，而应当采取《侵权责任法》第59条所规定的判断标准，即如果医疗机构将"不合格的血液"输入到病患者的体内，则他们输血的行为将构成过错，应当对病患者遭受的损害承担赔偿责任。反之，如果医疗机构将"合格的血液"输入到病患者的体内，则他们输血的行为将不会构成过错，无须对病患者承担赔偿责任。因此，所输入的血液是否合格，是判断医疗机构是否存在过错的标准。

四、对《输血感染病毒侵权责任实证研究》的阅读

不知道何年何月基于何种原因，笔者认识了华东政法大学的董春华博士。笔者认为是同她之间经历的相似性让我们有缘相见：笔者最初毕业于师范院校的英语系，而董春华博士则最初毕业于师范

---

① 张民安著：《法国民法》，清华大学出版社2015年版，第270～271页。

院校的历史系;原本同法学尤其是民法这一历史最悠久的学科无缘,均是半路出家的人;通过硕士研究生和博士研究生的学习,最终进入了法学领域并因此成为法学的研究者。

在中国民法学界,董春华博士既是一个非常真诚的人,也是一个非常勤奋的人。2010 年董春华博士在法律出版社出版了自己的第一部民法著作——《中美产品缺陷法律制度比较研究》,从比较法的角度对缺陷产品侵权责任制度做出了系统研究,并且提出了自己的独到见解。2013 年在法律出版社出版了自己的第二部民法著作——《缺陷医疗器械侵权责任实证研究》,除了对缺陷医疗器械侵权责任的一般理论做出了系统的研究,还从实证的角度对缺陷医疗器械侵权责任做出了分析,并提出了自己的独到见解。

如今,董春华博士决定在法律出版社出版自己在法学领域的第三部民法著作——《输血感染病毒侵权责任实证研究》,不仅从一般理论方面对输血感染病毒侵权责任做出了阐述,而且还从实证的角度对这一问题做出了分析。她的分析不仅建立在各种各样的数据基础上,而且还建立在她所建构的与众不同的理论和视角基础上;所得出的结论除了具有急迫的现实意义,还具有深远的理论意义。

笔者认为,在阅读本书时,读者要结合她的另外两部民法著作。她的三部民法著作构成一个有机整体,如果不阅读另外两部,则无法完全感受本书所散发出的魅力!

张民安教授
2017 年 1 月 6 日
于中山大学法学院

目　录

引　言

1993年8月我国黑龙江省肇东市人民法院判决了全国第一起输血感染乙肝、丙肝混合型肝炎案后，[①]河南、山东、山西、湖北等许多地区先后出现了一系列因输血感染病毒而引发的民事赔偿案件，输血感染病毒致害的赔偿问题成为困扰法律界和医学界的难题。2010年10月1日我国《侵权责任法》开始实施，其中，与输血致害侵权责任有关的是第54条、第58条和第59条。[②]

《侵权责任法》第54条规定："患者在诊疗活动中受到损害，医疗机构及其医务人员有过错的，由医疗机构承担赔偿责任。"第58条规定："患者有损害，因下列情形之一的，推定医疗机构有过错：(一)违反法律、行政法规、规章以及其他有关诊疗规范的规定；(二)隐匿或者拒绝提供与纠纷有关的病历资料；(三)伪造、篡改或者销毁病历资料。"第59条规定："因药品、消毒药剂、医疗器械的缺陷，或者输入不合格的血液造成患者损害的，患者可以向生产者或者血液提供机构请求赔偿，也可以向医疗机构请求赔偿。患者向医疗机构请求赔偿的，医疗机构赔偿后，有权向负有责任的生产者或者血

---

① 参见杨青成：《如何处理由输血引起的医疗纠纷》，载《中国卫生经济》2000年第2期。

② 笔者研究后发现，因输血感染病毒导致伤害的情况，丙肝和艾滋病占99%以上，故以"输血＋丙肝"和"输血＋艾滋病"为两组关键词搜索案例。特别是感染丙肝致害占有更大的比例，如江苏省血液中心2005～2010年输血医疗纠纷案例统计，8件输血感染案例100%为感染丙肝病毒(HCV)。参见蔡新华、唐荣才、项汉城：《从输血医疗纠纷案件中的举证责任倒置看血站业务档案管理的重要性》，载《临床输血与检验》2011年第3期。

液提供机构追偿。”[①]这三个条文对输血感染病毒侵权责任直接产生影响的是责任主体及其责任分担、归责原则、举证规则和发展风险抗辩。针对这些问题，法律界内部、法律界与医学界之间产生了很大的分歧，焦点是《侵权责任法》是否对医疗机构等施加了较重的责任以及规则设置是否科学。

首先，输血感染病毒侵权责任的责任主体及责任分担。《侵权责任法》第59条首次明确医疗机构和血液中心责任主体的地位，且二者在责任分担上采取单向追偿的不真正连带责任，即受害人可择一起诉，特别是医疗机构不得因不合格血液来源于血液中心而拒绝赔偿，其只能在赔偿受害人后向血液中心追偿。明确医疗机构的责任主体地位，是否会加重医疗机构的责任？是否会对受害人选择起诉被告时产生影响？医疗机构又如何向血液中心追偿？

其次，输血感染病毒侵权责任的归责原则。法律界对输血感染病毒侵权责任归责原则的研究分为无过错责任说和过错责任说。杨立新、[②]张新宝[③]指出，《侵权责任法》第59条是将血液纳入产品范畴，对其致害适用无过错责任。而梁慧星、[④]郭明瑞、[⑤]侯国跃[⑥]认为，该条规定并不意味着将血液纳入产品范畴适用无过错责任，不合格血液致害仍属过错责任。医学界相关研究认定输血感染病毒侵权责任应采纳过错责任。如刘宇等[⑦]认为，《侵权责任法》第59条立法

---

① 该条的模式来源于我国《产品质量法》第43条、《侵权责任法》第43条生产者与销售者之间责任分担的模式，区别在于第59条规定的是医疗机构的单向追偿权，而生产者与销售者之间是双向追偿。

② 参见杨立新、杨震：《有关产品责任案例的中国法适用》，载《北方法学》2013年第5期。

③ 参见张新宝、任鸿雁：《我国产品责任制度：守成与创新》，载《北方法学》2012年第3期。

④ 参见梁慧星：《论〈侵权责任法〉中的医疗损害责任》，载《法商研究》2010年第6期。

⑤ 参见郭明瑞：《简论医疗侵权责任的立法》，载《政法论丛》2008年第6期。

⑥ 参见侯国跃：《输血感染损害责任的归责原则和求偿机制》，载《社会科学》2014年第2期。

⑦ 参见刘宇等：《医疗产品责任问题的探讨》，载《中国医院》2013年第5期。

含义是为了方便患者追偿，医疗机构仍承担过错责任；卢军锋、邵振[①]指出，司法实践应综合适用过错责任、过错推定、严格责任、公平责任等；杨智超[②]则指出，不应对无过错输血感染不做区分地适用无过错责任。第59条的文义规定是无过错责任，但是否应该适用无过错责任是一个价值判断的问题，而“输入不合格血液”的特殊性完全可以实质上排除无过错责任的适用，故该条规定的所谓“无过错责任”真正能够给受害人多少实质性利益和好处？对受害人胜诉率是否有本质性影响？

再次，输血感染病毒侵权责任的举证规则。我国2002年施行的最高人民法院《关于民事诉讼证据的若干规定》第4条第8项对医疗侵权实行举证责任倒置规则，《侵权责任法》第54条和第58条对医疗侵权举证规则规制有所改变。严翔、[③]叶名怡[④]指出，《侵权责任法》排除举证责任倒置，对受害人胜诉是致命的打击。陈秉喆[⑤]认为，医疗侵权纠纷的立法趋势会向举证责任正置发展，逐步减少适用过错推定，直至医疗侵权均适用过错责任原则。《侵权责任法》改变了医疗侵权举证规则，但举证责任倒置是输血感染病毒侵权责任领域受害人获得赔偿的重要工具，举证规则的改变是否影响了原告获赔，该种变化及其效果是否已在实体判决中有所体现？

最后，输血感染病毒侵权责任的发展风险抗辩。发展风险抗辩是输血感染病毒侵权责任的突出问题。在我国，主要有两种情况涉及发展风险抗辩。第一种情况，我国卫生部于1993年通过并在同年

① 参见卢军锋等：《医疗产品缺陷的侵权责任归责原则研究》，载《中国药房》2013年第33期。

② 参见杨智超：《论无过错输血感染的责任认定》，载《中国卫生法制》2013年第2期。

③ 参见严翔：《举证责任倒置对医疗侵权诉讼的影响》，载《江苏经济报》2013年12月4日，第B03版。

④ 参见叶名怡：《医疗侵权责任中因果关系的认定》，载《中外法学》2012年第1期。

⑤ 参见陈秉喆：《再议医疗侵权适用举证责任倒置——以〈侵权责任法〉为视角》，载《中国医院管理》2011年第5期。

7月1日开始实施的《血站基本标准》[①]要求对供血者进行丙肝检查，这涉及该标准实施前采集的血液导致感染丙肝的受害人是否能够得到救济；第二种情况，全世界医学界都无法克服的窗口期导致的无过错输血，医疗机构或血液中心是否可以发展风险抗辩而免除责任？对于第二种情况，有学者认为，根据《侵权责任法》第59条规定，“即使在现有科学技术的条件下，医疗机构无法完全检测出血液是否合格，因漏检导致血液不合格以后，医疗机构也要对损害后果承担责任，这实际上是在血液不合格致人损害的情况下否定了发展风险抗辩”。[②] 将第59条与《产品质量法》《侵权责任法》关于产品责任和医疗侵权责任的其他条文割裂开来，因其未涉及抗辩事由的规定，就否定其发展风险抗辩适用的可能，是否有断章取义之嫌？

上述四大问题理应是特殊产品致害与医疗侵权交叉领域重要的理论问题，但本书并不仅仅试图在理论上探寻问题的答案，因为理论探讨有时是“仁者见仁，智者见智”的分歧，有时是立场和价值选择的结果，很难获得“接地气”的结论。带着以上问题，本书将对我国输血感染病毒侵权责任领域的224个司法案例进行实证分析，针对该领域侵权责任的责任主体及责任分担、归责原则、举证规则和发展风险抗辩提出的问题，特别是《侵权责任法》的规定对该领域传统规则有所改变之处，司法实践是否有所改变和回应，并进一步探讨司法实践如此作为的深层次原因。实际上，输血感染病毒侵权责任是一个极其复杂又具有趣味性的领域，其中涉及的诉讼时效特别是在侵权行为与损害后果的时间跨度超过20年时的衡量，以及感染丙肝、艾滋病等病毒致害时必然涉及的后续治疗问题，在该领域都是影响受害人能否获赔的重要原因，但鉴于《侵权责任法》未涉及这些主题，故本书并不试图详细阐述。

本书所使用的案例是用“输血”“丙肝”和“艾滋病”这些关键词

---

① 1993年2月17日卫医法〔1993〕第2号文，该标准于1993年7月1日实施。

② 冉克平著：《产品责任理论与判例研究》，北京大学出版社2014年版，第292页。

在北大法意案例数据库和中国裁判文书网进行搜索、经过筛选而获得。其范围覆盖 23 个省、自治区和直辖市，共有 264 个案例，但本书排除上海市的案例，①仅将其他省市的 224 个②案例作为实证研究对象，图示如下：

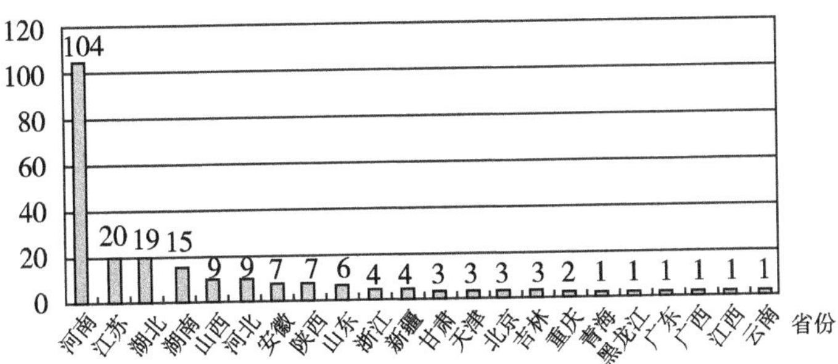

河南省的案例在标本案例中占有较大比重，河南省司法实践与其他省司法实践在探讨主题上的不同态度，将在具体章节主题中的相关注释中作出说明，但并不作为本书阐述论证的对象，也不影响本书相关主题的总体观点和结论。鉴于《侵权责任法》对以上主题规定的变化及其产生的影响，本书在具体章节数据的统计中，会根据不同主题的需要在时间段上再进行更细化的分类。③

---

① 本书标本案例排除了上海市同类判决，主要因为笔者搜集的 40 件上海案例中，无论《侵权责任法》适用前还是适用后，99% 判决书的判决结果、判决语言都相同，这与上海市在输血感染病毒领域的政策等因素有关，其对本书争点考察并无实质意义，故不将其列入考察范畴。

② 作为标本案例的 224 个案例的具体名称和案例号，将在本书附录中列出。

③ 最高人民法院《关于适用〈中华人民共和国侵权责任法〉若干问题的通知》（法发〔2010〕23 号）规定：侵权行为发生在侵权责任法施行前，但损害后果出现在侵权责任法施行后的民事纠纷案件，适用《侵权责任法》的规定。据此，划分案例的标准是，原告发现输血致害的损害结果及知晓损害结果与输血存在因果关系，是否发生于 2010 年 7 月 1 日《侵权责任法》实施后。

第一章 输血感染病毒侵权责任主体及责任分担

《侵权责任法》第59条规定了医疗机构和血液提供机构为输入不合格血液致害的责任主体；受害人可择一请求全额赔偿，医疗机构有权向血液提供机构追偿，这两个特征符合连带责任的要素。[①] 该种连带责任确实与一般连带责任存在区别，先行赔付的责任主体可100%向终极责任的主体进行追偿。在该种情况下，侵权行为人与侵权责任主体不属于同一主体，但这不构成第59条连带责任与一般连带责任的本质区别。依据《侵权责任法》第3条规定，“被侵权人有权请求侵权人承担侵权责任”，侵权人即为责任主体，但在特殊情形下，侵权责任主体未必是侵权行为人，如未成年人的父母可能会因未成年人侵权行为承担责任，用人单位可能因其职员职务侵权行为承担责任等。[②]

关于输入不合格血液的责任问题，我国侵权法学界通常都从血液是否属于“产品”的角度探讨责任，基本逻辑是属于产品就适用产

---

① 连带责任最典型的两个特征是：(1)受害人可择一侵权人请求损害的全额赔偿；(2)侵权人之间可根据责任状况进行追偿。

② 《侵权责任法》第32~36条规定了无民事行为能力人、限制行为能力人、暂时失去意识和控制之人、职员等造成损害时的责任承担问题，监护关系、雇佣关系的存在往往使行为人与赔偿人相区别。

品责任相关规则,不属于产品就不适用产品责任相关规则。[①] 笔者认为,利用“是否为产品”这一标准来决定“输血致害”的“终身”实属不妥。就如同“美国法中以输血行为的性质为争论的起点,但这并未真正解决输血感染所致损害的法律救济问题”。[②] 我国同样如此,对“血液”的定性不能有效解决输血感染病毒的救济问题,对“输入不合格血液致害为何种连带责任”的探究对有效解决输血感染病毒的救济问题同样无太大影响。

本章要探讨的问题是,我国医疗机构和血液中心在输血感染病毒救济体系中到底处于何种位置?受害人选择起诉医院的依据是什么?选择起诉医院与选择同时起诉医院和血液中心有何差别?《侵权责任法》第59条规定的“连带责任”是否具有正当性和必要性?该条文对输血感染病毒司法实践特别是受害人获赔到底是否产生了影响,产生了何种程度的影响?

第一节　输血感染病毒侵权责任主体及责任分担的数据统计

鉴于《侵权责任法》明确了输入不合格血液致害责任的责任主体,数据统计就以《侵权责任法》的实施为分界,以观察其对司法实践是否

---

① 血液是否为产品是学界一直都存有分歧的问题。认定血液为产品的依据主要是我国《产品质量法》对产品的定义,认为血液符合“产品”的定义,故应属产品;认定血液不属于产品的依据主要是血液并非生产出来的,与其他产品存在本质差别;还有学者将其认定为类产品,但适用产品责任相关规则。中山大学教授张民安认为,根据《法国民法典》第1386-12条的规定,法典有意将“物品”分为人体之部分或出自人体之物,血液属于出自人体之物,出自人体之物与产品存在本质差别,人类不能生产且人体还可再生。

② 梅瑞琦、张里安:《美国法上输血感染病毒案件判决之评析》,载《私法研究》2014年第1期。

产生影响、产生怎样的影响。所有标本案例为224件,《侵权责任法》实施前为129件,实施后为95件。依据受害人起诉的被告(责任主体)进行分类,分为三种情况:只起诉医院,只起诉血液中心,同时起诉医院和血液中心。需要说明的是,20世纪90年代我国存在由医院自行采血的情况,故医院被单独起诉的案件中,医院自行采血的案例数目也有所体现,以明晰实际上存在医院和血液中心两种主体的情况。

一、输血感染病毒侵权责任主体的数据统计

(一)《侵权责任法》实施前输血感染病毒侵权责任主体的数据统计

表1

责任主体	数量和百分比	医院自行采血的数量和百分比	原告获得赔偿或补偿的数量和百分比
医院	87(67.4%)	13(10.1%)	62(62/87=71.3%)
血液中心	1(0.8%)	0	1(1/1=100%)
医院和血液中心	41(31.8%)	0	30(30/41=73.2%)
总计	129(100%)	13(10.1%)	93(93/129=72.1%)

从受害人起诉的主体来看,《侵权责任法》实施前,起诉医院的案例有87件,占案件总数的67.4%,其中有13件案例中的医院属于自行采血,占案件总数的10.1%;同时起诉医院和血液中心的案例有41件,占案件总数的31.8%;只起诉血液中心的案例只有1件,占0.8%。[①]

从原告获得赔偿或补偿来看,只起诉医院的案例中,原告获得赔偿或补偿的案例有62件,占医院被起诉案例的71.3%;在医院和血

① 《侵权责任法》实施前,其他各省同时起诉医院和血液中心的案件比例为34.9%,只起诉医院的案件比例为63.6%,只起诉血液中心的案件比例为1.5%;河南省同时起诉医院和血液中心的案件比例为28.6%,只起诉医院的案件比例为71.4%,只起诉血液中心的案件比例为0%。

液中心都被起诉的案例中，原告获得赔偿或补偿的案例有 30 件，占医院和血液中心同时被起诉案例的 73.2%；只起诉血液中心案例的原告获得了赔偿。

《侵权责任法》实施前，输血感染病毒的原告获得赔偿或补偿的总比例为72.1%，且医院作为被告（71.3%）还是医院和血液中心同时作为被告（73.2%）对原告获赔影响并不大，二者同时被起诉时原告获赔可能性略高 1.9%。这说明，不管被起诉的主体是谁，输血感染病毒侵权责任分配的实质性结果并无太大区别。

（二）《侵权责任法》实施后输血感染病毒侵权责任主体的数据统计

表 2

责任主体	数量和百分比	医院自行采血的数量和百分比	原告获得赔偿或补偿的数量和百分比
医院	68（71.6%）	8（8.4%）	50（50/68 =73.5%）
血液中心	0	0	0
医院和血液中心	27（28.4%）	0	18（18/27 =66.7%）
总计	95（100%）	8（8.4%）	68（68/95 =71.6%）

从受害人起诉的主体来看，《侵权责任法》实施后，起诉医院的案例有 68 件，占案件总数的 71.6%，其中有 8 件案例中的医院属于自行采血，占案件总数的 8.4%；同时起诉医院和血液中心的案例有 27 件，占案例总数的 28.4%；只起诉血液中心的案例只有 0 件。[①]

从原告获得赔偿或补偿来看，在只起诉医院的案例中，原告获得赔偿或补偿的案例有 50 件，占医院被起诉案例的 73.5%；在医院和血液中心都被起诉的案例中，原告获得赔偿或补偿的案例有 18 件，

---

① 《侵权责任法》实施后，其他各省同时起诉医院和血液中心的案件比例为25.9%，只起诉医院的案件比例为 74.1%，只起诉血液中心的案件比例为 0%；河南省同时起诉医院和血液中心的案件比例为 31.7%，只起诉医院的案件比例为 68.3%，只起诉血液中心的案件比例为 0%。相比较《侵权责任法》实施前，其他各省同时起诉医院和血液中心的案件有所下降，而河南省同时起诉二者的案件有所上升。

占医院和血液中心同时被起诉案件的66.7%。

原告只起诉医院时,原告获得赔偿或补偿的比例为73.5%;原告同时起诉医院和血液中心时,原告获得赔偿或补偿的比例为66.7%。原告只起诉医院时获赔的可能性大于起诉医院和血液中心。原告获得赔偿或补偿的总体比例为71.6%。

(三)《侵权责任法》实施前后输血感染病毒侵权责任主体的分析

1.实施前后被起诉主体比例的变化

表3

实施前	百分比	实施后	百分比
医院被起诉	67.4%	医院被起诉	71.6%
医院和血液中心被起诉	31.8%	医院和血液中心被起诉	28.4%
血液中心被起诉	0.8%	血液中心被起诉	0

从《侵权责任法》实施前后输血感染病毒侵权责任主体被起诉的变化来看,《侵权责任法》实施后医院被单独起诉的比例有所上升,由实施前的67.4%上升至实施后的71.6%;医院和血液中心同时被起诉的比例有所下降,由实施前的31.8%下降至实施后的67.4%;而无论实施前还是实施后,血液中心单独被起诉的比例都是少之又少,实施前仅为0.8%,实施后为0。

2.实施前后受害人获得赔偿或补偿比例的变化

表4

实施前	百分比	实施后	百分比
医院被起诉的原告获赔	71.3%	医院被起诉原告获赔	73.5%
医院和血液中心被起诉的原告获赔	73.2%	医院和血液中心被起诉原告获赔	66.7%
血液中心被起诉的原告获赔	100%	血液中心被起诉原告获赔	0
原告总体获赔	72.1%	原告总体获赔	71.6%

从《侵权责任法》实施前后输血感染病毒的受害人获得赔偿或补偿的比例变化来看，在医院单独被起诉时，原告获赔的比例由71.3%上升至73.5%；在医院和血液中心同时被起诉时，原告获赔的比例由73.2%下降至66.7%；所有案例中原告的获赔率由72.1%下降至71.6%。应该说，总体获赔率区别不大，区别在于《侵权责任法》实施后原告获得补偿的比例有较大提高，赔偿的比例有所下降。

综上，《侵权责任法》实施前后，输血感染病毒侵权责任被起诉的主体以及原告的获赔率并无实质性变化，医院一直都是被青睐的起诉主体，血液中心很少被单独起诉。

二、《侵权责任法》实施前后输血感染病毒侵权责任分担的数据统计

若从血液的来源判定可能负责任的主体，在医院被单独起诉的案例中，医院自行采血属于只有医院可能是责任主体的情况，除此之外即为医院和血液中心都可能成为责任主体的情形，但该种责任主体的责任分担在输血感染病毒案例的判决书中通常不会得到反映，有少数案例的法院判决明示，医院可向血液中心进行追偿。[①] 但笔者认为，在医院向血液中心追偿时，该种"认定"并不具有当然的证据效力和法律效力，医院无法据此判决直接向血液中心追偿。医院从血液中心处获得追偿通常有几个途径：第一，通过法院起诉向血液中心追偿。法院对输血和血液合格与否的事实进行再次判断，明确感染病毒完全是血液"不合格"所致，且医院并无过错，医院才会获得追偿，但鉴于该案已经过"审判"，法院通常都

① 如郭某与宝丰县人民医院案[平顶山市宝丰县人民法院民事判决书(2013)宝民初字第1292号]法院明确："宝丰县医院在承担赔偿责任后，可以向血液提供机构追偿。"刘某与中国人民解放军第一六一医院案[湖北省武汉市江岸区人民法院民事判决书(2015)鄂江岸民初字第00010号]法院明确：刘某作为患者有权向医疗机构一六一医院请求赔偿，一六一医院赔偿刘某后，有权向血液提供机构追偿。

对事实特别是血液合格与否已经进行过认定，不愿意再“重审”。[①]尽管《侵权责任法》明确医疗机构“有权”获得追偿，但医院通过诉讼获得追偿仍存在障碍。第二，鉴于医疗机构与血液中心常年的业务往来，血液中心有所顾忌而同意赔偿。但相比较产品生产者与销售者之间长期生意合作伙伴的关系，血液中心与医疗机构并非“生意合作伙伴”关系，血液中心无须考虑与医疗机构的业务关系而选择主动赔付。无论哪种情况，医疗机构从血液中心获赔的可能性和“方便性”都不大。

而医院和血液中心同时被起诉时，法院就会对二者是否负责任、负何种责任判定清楚，不再涉及医院向血液中心追偿的问题。故下文数据统计涉及的责任分担，是医疗机构和血液中心同时被起诉的情形。由于二者被同时起诉，其责任及责任样态在同一诉讼中解决，医院即使负责任也无须“追偿”，节约了诉讼资源。

在责任样态上，笔者将责任分为共同责任和单独责任，共同责任又包含连带责任、按份责任和二者的补偿责任，为了方便统计，直接分为连带责任、按份责任、二者共同的补偿责任和单独责任。

（一）《侵权责任法》实施前输血感染病毒责任分担的数据统计

《侵权责任法》实施前，原告同时起诉医院和血液中心的案例共有41件，法院在判决书中对二者是否承担责任、承担怎样的责任，都作出了判定。具体情况如下：

---

① 如荥阳市妇幼保健院与荥阳市人民医院案［河南省荥阳市人民法院民事裁定书（2014）荥民初字第1105号］追偿权一案法院认为：“该案已经过发生法律效力的判决的认定，驳回原告的起诉。”

表 5

<table>
<tr><td>责任主体</td><td colspan="2">责任样态</td><td colspan="2">数量和百分比</td></tr>
<tr><td rowspan="8">医疗机构和血液中心</td><td colspan="2">连带赔偿</td><td colspan="2">6(14.6%)</td></tr>
<tr><td rowspan="2">按份责任</td><td>赔偿同等数额</td><td rowspan="2">11(26.8%)</td><td>5(12.2%)</td></tr>
<tr><td>赔偿不同比例</td><td>6(14.6%)</td></tr>
<tr><td colspan="2">二者共同补偿的责任</td><td colspan="2">2(4.9%)</td></tr>
<tr><td rowspan="2">单独责任</td><td>血液中心赔偿、医院不赔</td><td rowspan="2">11(26.8%)</td><td>6(14.6%)</td></tr>
<tr><td>医院赔偿、血液中心不赔</td><td>5(12.2%)</td></tr>
<tr><td colspan="2">驳回起诉</td><td colspan="2">11(26.8%)</td></tr>
<tr><td colspan="2">总计</td><td colspan="2">41(100%)</td></tr>
</table>

《侵权责任法》实施前，起诉医院和血液中心的案例有 41 件，占案件总数的 31.8%；只起诉医院的案例有 87 件，占案件总数的 67.4%。依据上述列表分为 4 种情况：

1. 连带责任。医疗机构与血液中心承担承担连带责任的案例共有 6 件，占二者被同时起诉案例的 14.6%。

2. 按份责任。医疗机构与血液中心承担按份责任的案例共有 11 件，占二者被同时起诉案例的 26.8%。其中，赔偿同等数额的案例共有 5 件，占二者被同时起诉案例的 12.2%；赔偿不同比例的案例共有 6 件，占二者被同时起诉案例的 14.6%。

3. 二者共同承担补偿的责任。医疗机构与血液中心补偿同等数额的案例有 2 件，占二者被同时起诉案例的 4.9%。

以上连带责任、按份责任和共同承担补偿责任的案例都属共同责任，医疗机构和血液中心都负赔偿或补偿责任，只是比例和份额有所不同，该种案件共有 19 件，占二者被同时起诉案例的 46.3%。

4. 单独责任。医疗机构或血液中心负单独责任的案例共有 11 件，占二者被同时起诉案例的 26.8%。分为两种情况：(1) 医院单独赔偿、血液中心不赔偿共有 5 件案例，占二者被同时起诉案例的

12.2%;(2)血液中心赔偿、医院不赔偿的案例有6件,占二者被同时起诉案例的14.6%。

总体而言,在医疗机构与血液中心同时被起诉的情形下,医疗机构和血液中心负赔偿责任或补偿责任的比例是相当的,血液中心负赔偿责任或补偿责任的案例仅比医院负赔偿或补偿责任的案例多一件。在这种二者同时被起诉的案例中,不再涉及医疗机构向血液中心追偿的问题,因为二者的责任程度和责任分配都已经很清楚,也就是说,在此阶段医疗机构单独负赔偿或补偿责任的5个案例中,也不存在向血液中心追偿的问题;而血液中心单独负赔偿或补偿责任的6件案例中,更不可能存在其向医疗机构追偿的问题。

(二)《侵权责任法》实施后输血感染病毒责任分担的数据统计

表6

<table>
<tr><th>责任主体</th><th colspan="2">责任样态</th><th colspan="2">百分比</th></tr>
<tr><td rowspan="8">医疗和血液中心</td><td colspan="2">连带赔偿</td><td colspan="2">5(18.5%)</td></tr>
<tr><td colspan="2">按份责任</td><td colspan="2">1(3.7%)</td></tr>
<tr><td rowspan="2">补偿责任</td><td>补偿同等数额</td><td rowspan="2">6(22.2%)</td><td>5(18.5%)</td></tr>
<tr><td>补偿不等数额</td><td>1(3.7%)</td></tr>
<tr><td rowspan="2">单独责任</td><td>医院赔偿、血液中心不赔</td><td rowspan="2">6(22.2%)</td><td>4(14.8%)</td></tr>
<tr><td>血液中心赔偿、医院不赔</td><td>2(7.4%)</td></tr>
<tr><td colspan="2">驳回起诉</td><td colspan="2">9(33.3%)</td></tr>
<tr><td colspan="2">总计</td><td colspan="2">27(100%)</td></tr>
</table>

《侵权责任法》实施后,起诉医院和血液中心的案例为27件,占总数95件案例的28.4%,只起诉医院的案例有68件,占案例总数的71.6%。二者承担责任的样态如下:

1. 连带责任。医疗机构与血液中心承担连带责任的案例共有5件,占二者被同时起诉案例的18.5%。

2. 按份责任。医疗机构与血液中心承担按份责任的案件共有1

件,占二者被同时起诉案例的3.7%。

3. 共同承担补偿的责任。医疗机构与血液中心同时承担补偿责任的案例有6件,占二者被同时起诉案例的22.2%。补偿同等数额的案例有5件,占二者被同时起诉案例的18.5%;补偿不等数额的案例有1件,占二者被同时起诉案例的3.7%。

以上连带责任、按份责任和共同承担补偿责任的案例都属共同责任,医疗机构和血液中心都负赔偿或补偿责任,只是比例和份额有所不同,该种案件共有12件,占二者被同时起诉案例的44.4%。

4. 单独责任。医疗机构或血液中心负单独责任的案例共有6件,占二者被同时起诉案例的22.2%。分为两种情况:(1)医院单独赔偿、血液中心不赔偿:共有4件案例,占二者被同时起诉案例的14.8%;(2)血液中心赔偿、医院不赔偿的案例有2件,占二者被同时起诉案例的7.4%。

总体而言,在医疗机构与血液中心被同时起诉的情形下,医疗机构和血液中心负赔偿责任或补偿责任的比例有较大差别,医院赔偿的案例比血液中心赔偿的案例多2件。在该种二者同时被起诉的案例中,不再涉及医疗机构向血液中心追偿的问题,因为二者的责任程度和责任分配都已经清楚,也就是说,在此阶段医疗机构单独负赔偿或补偿责任的4件案例中,不存在向血液中心追偿的问题;而血液中心单独负赔偿或补偿责任的2件案例中,也不可能存在其向医疗机构追偿的情况。

(三)《侵权责任法》实施前后输血感染病毒侵权责任分担的数据分析

以上数据显示,《侵权责任法》实施前,原告被驳回率为26.8%,实施后原告的被驳回率为33.3%,实施后原告被驳回的比例有所升高。

1. 二者负连带责任:实施前负连带责任的比例为14.6%,实施后负连带责任的比例上升至18.5%。

2. 二者承担按份责任:实施前承担按份责任的比例为26.8%,

实施后承担按份责任的比例仅为3.7%。

3. 二者承担补偿责任:实施前承担补偿责任的比例为4.9%,实施后承担补偿责任的比例上升至22.2%。

4. 二者各自承担单独责任:总体上实施前为26.8%,实施后为22.2%。其中医疗机构承担单独责任时,实施前比例为12.2%,实施后比例为14.8%;血液中心承担单独责任时,实施前比例为14.6%,实施后比例为7.4%。

以上数据表明,医疗机构与血液中心负共同责任的比例有所上升,连带责任、按份责任和补偿责任所占比例之和,实施前为46.3%,实施后为44.4%。其中,医疗机构与血液中心负连带责任呈上升的趋势,按份责任呈大幅下降的趋势,二者承担补偿责任的比例则大幅上升,故二者负共同责任的比例仅仅下降了1.9%,只是负赔偿责任的比例减少,负补偿责任的比例有所上升。医院和血液中心单独承担全部责任的比例有所下降,下降比例为4.6%。

第二节 输血感染病毒侵权责任主体及责任分担的"立法"规定

一、《侵权责任法》规定的输血感染病毒侵权责任主体

(一)《侵权责任法》实施前我国"立法"对输血感染病毒侵权责任主体的规定

1. 医疗机构责任主体的地位

国务院于1987年6月29日发布的《医疗事故处理办法》是我国最早对医疗领域侵权作出规范的法规。其第2条规定:"本办法所称的医疗事故,是指在诊疗护理工作中,因医务人员诊疗护理过失,直接造成病员死亡、残废、组织器官损伤导致功能障碍的。"国务院于2002年9月1日公布实施的《医疗事故处理条例》第2条沿袭了

前者对于医疗事故的定义："本条例所称医疗事故，是指医疗机构及其医务人员在医疗活动中，违反医疗卫生管理法律、行政法规、部门规章和诊疗护理规范、常规，过失造成患者人身损害的事故。"该办法和条例都是针对医疗机构和医护人员的诊疗过失进行规范，并不涉及血液中心、血站等机构的采血问题。但《医疗事故处理条例》第33条第4项规定：无过错输血感染造成不良后果的，不属于医疗事故。尽管该项规定是在排除医疗机构无过错输血的责任，但同样基于此可以延伸的是，医疗机构有过错输血感染造成不良后果的，属于医疗事故，是要承担赔偿责任的。基于此，医疗机构对基于过错产生的输血感染病毒是要负民事责任的。

《献血法》第22条对医务人员违反规定造成患者损害进行了规制："医疗机构的医务人员违反本法规定，将不符合国家规定标准的血液用于患者的，由县级以上地方人民政府卫生行政部门责令改正；给患者健康造成损害的，应当依法赔偿，对直接负责的主管人员和其他直接责任人员，依法给予行政处分。构成犯罪的，依法追究刑事责任。"该条规定明确了医护人员违反规定输入不合格血液导致患者损害时应付民事赔偿责任。

依据以上法律规定可以认定，医疗机构和医护人员存有过错输入不合格血液导致患者损害时，负有民事赔偿责任，可以成为输血感染病毒侵权责任主体。

2. 血液中心责任主体的地位

血液中心长期以来在我国都属于公益性组织，与医疗机构存在区别，因此，对于其能否成为输血感染病毒侵权责任的责任主体存在相当大的分歧。《献血法》第8条规定："血站是采集、提供临床用血的机构，是不以营利为目的的公益性组织。设立血站向公民采集血液，必须经国务院卫生行政部门或者省、自治区、直辖市人民政府卫生行政部门批准。"我国卫生部2005年11月17日发布、2006年3月1日施行的《血站管理办法》第2条规定："本办法所称血站是指不以营利为目的，采集、提供临床用血的公益性卫生机构。"而根据卫生部发布的2006年实施的《医疗机构管理条例实施细则》第2条规定:“条例及本细则所称医疗机构,是指依据条例和本细则的规定,经登记取得《医疗机构执业许可证》的机构。”医疗机构即依法定程序设立的从事疾病诊断、治疗活动的卫生机构的总称,它与血液中心有本质区别。正因如此,《献血法》第21条虽然对血站违反规定进行了规制:“血站违反本法的规定,向医疗机构提供不符合国家规定标准的血液的,由县级以上地方人民政府卫生行政部门责令改正;情节严重,造成经血液途径传播或者有传播严重危险的,限期整顿,对直接负责的主管人员和其他直接责任人员,依法给予行政处分;构成犯罪的,依法追究刑事责任。”但并未规定提供不符合国家标准的血液造成损害,其应负的民事责任。该法第19条仅规定了血站造成献血者健康损害的赔偿责任,未涉及对患者的损害赔偿责任。

故从我国相关行政法规对血液中心输入不合格血液民事赔偿责任的规定来看,基于其非营利性和公益性,可以得出结论:依据行政法规,血液中心并无义务对患者输血感染病毒致害负民事赔偿责任,这与医疗机构、医护人员的过错赔偿责任存在区别。

但无论血液中心的性质为何,若因其提供的血液存在病毒导致伤害,不负赔偿责任于法于理都不恰当。基于此,我国学术界对血液中心民事赔偿责任进行过争论。大体上有四种观点。

(1)第一种观点认为,“血站有过错,提供了不合格的血液,导致患者因输血感染了疾病的,血站不承担民事责任,而承担行政责任或刑事责任”。[①] 依据《献血法》,血液中心违反规定导致提供了不合格的血液,只需承担行政责任或刑事责任,并不对患者承担民事责任。但依据《民法通则》等民事领域法律,主体基于行为导致受害人损害而承担责任,即使行政法规未明示也不应免除其民事赔偿责任,国家或国家机关从事民事行为时也是民事责任主体。

① 刘淑芬:《试论输血感染案件中血站的法律责任》,载《黑龙江政法管理干部学院学报》1999年第4期。

(2)第二种观点认为,“血站违反法律规定,提供了不符合国家规定标准血液,给他人造成损害的,只要符合民事侵权行为的构成要件,则应当依据《民法通则》的规定,承担民事赔偿责任”。[①] 笔者同意该种观点,血液中心不能基于“特殊的身份”而免除赔偿责任,只要其行为满足侵权责任要件,同样要承担赔偿责任。

(3)第三种观点认为,“在血站和受害人均无过错情况下应承担公平责任”。[②] 该种观点的潜台词是血站在有过错时是要负民事赔偿责任的,与第二种观点在本质上是一致的。

(4)第四种观点认为,“临床用血是产品,血站是该产品的生产者,血站在输血感染其他疾病纠纷案件中承担的法律责任应属产品责任”。[③] 该种观点是近些年学者对“血液”的性质进行争论的结果,有些学者将“血液”认定为产品,“医疗机构”为销售者,血液中心为血液的“生产者”,从而试图将产品责任规则适用于输入不合格血液致害责任。笔者认为,该种观点出于保护患者的考虑,其本意是在输血“医疗侵权责任”的基础上嫁接产品责任,从而可以有效利用二者的优势。实际上,产品责任在举证规则、诉讼时效等方面并不比医疗侵权责任更有优势,且一种侵权责任只能选择一种案由,不可能只选择对患者有利的规则,医疗侵权与产品责任的巧妙嫁接是行不通的。

综上,我国从20世纪80年代至《侵权责任法》实施前,依据“行政法规”对输入不合格血液责任主体的规定,可得出初步结论:医疗机构在过错范围内为输入不合格血液致害负赔偿责任,血液中心不

---

① 周玉文、于福生:《试论〈献血法〉对血站法律责任的规定》,载《鸡西大学学报》2002年第1期。

② 梁慧星:《输血感染案件的法律运用》,载《人民法院报》1998年9月29日,第3版。

③ 张传读、李群星:《血站在输血感染其他疾病纠纷案件中的法律责任》,载《人民司法》2002年第6期。

为提供不合格血液对患者负赔偿责任。①

（二）《侵权责任法》第59条对输血感染病毒侵权责任主体的规定

1. 文本规定

《侵权责任法》第59条规定："因输入不合格的血液造成患者损害的，患者可以向生产者或血液提供机构请求赔偿，也可以向医疗机构请求赔偿。"该规定不仅再次明确了医疗机构的责任主体地位，更是首次将血液中心置于输血致害责任主体的位置。

该种结构模式来源于我国《产品质量法》第43条和《侵权责任法》第43条的规定。②《侵权责任法》第59条借鉴该种模式，意味着将血液提供者置于"生产者"的地位，将医疗机构置于"销售者"的地位。应该说，将医疗机构和血液中心作为输血感染病毒的责任主体，无论是在欧洲各国如法国、德国、英国还是在美国、加拿大都没有疑问，只是各国对二者承担过错责任还是严格责任存在差异，甚至意大利最高法院还通过案例确认卫生部因违反监管义务导致输血感染致害负赔偿责任。

2. 明确医疗机构与血液中心为责任主体的意义

第59条明示医疗机构与血液中心责任主体的地位，一方面加强了医疗机构的主体地位，另一方面一改过去我国行政法规意图不让血液中心对输血感染病毒致害负民事赔偿责任的历史。不仅如此，第59条的模式让血液提供机构处于"生产者"的地位，且规定了医疗机构的单向追偿，更明确血液中心承担终极责任的地位。也意味

---

① 王利明教授主张医疗机构应承担输血感染病毒致害责任，但其认定《医疗事故处理条例》第33条意味着医院对于输血侵权不承担责任，而是由血液提供者承担责任。这一认定违背了我国法规历来无须血站承担输血致害民事赔偿责任、医疗机构承担输血致害过错责任的历史。王教授的观点很大程度上反映在《侵权责任法》中。参见王利明：《侵权责任法研究》（下卷），中国人民大学出版社2011年版，第416页。

② 《产品质量法》第43条和《侵权责任法》第43条规定：因产品存在缺陷造成损害的，被侵权人可以向产品的生产者请求赔偿，也可以向产品的销售者请求赔偿。产品缺陷由生产者造成的，销售者赔偿后，有权向生产者追偿。因销售者的过错使产品存在缺陷的，生产者赔偿后，有权向销售者追偿。

着血液中心由《侵权责任法》实施前依照行政法规不负民事赔偿责任，转而成为输血感染病毒致害救济体系中承担主要责任的主体，这一转变不可谓不大。

该条文规定“出于方便受害患者行使求偿权，保障受害患者能够获得法律规定的损害赔偿的政策目的”，[①]甚至为此都不再考虑血液中心“非营利性”公益性组织的性质。虽然社会上对血液中心工作人员的工资极为敏感，[②]但血液中心支出来源于政府财政，工作人员的收入与血液中心的业务收入并不相关。

第59条的规定改变了我国行政法规不让血液中心对输血感染病毒致害负民事责任的历史，将血液中心推至舞台的灯光下，相比之下，医疗机构承担的责任反而在其次。我国先前不让血液中心承担侵权赔偿责任的主要考虑是血液中心是公益性单位，不从提供血液的行为中获利，其支出来源于政府财政，但是由于输血问题的敏感性，血液中心及其工作人员的收入时常成为人们议论的焦点。

二、《侵权责任法》规定的医疗机构与血液中心承担责任的样态

(一)《侵权责任法》的条文规定

《侵权责任法》实施之前，我国行政法规对血液中心的民事赔偿责任未作出规定，也就谈不上对输血感染纠纷中数个主体承担责任的责任样态进行规制。《侵权责任法》第59条规定：“患者可以向生产者或者血液提供机构请求赔偿，也可以向医疗机构请求赔偿。患者向医疗机构请求赔偿的，医疗机构赔偿后，有权向负有责任的生产者或者血液提供机构追偿。”该规定包含两层意思。

第一，患者可以选择血液提供机构也可以选择医疗机构请求赔

---

① 梁慧星：《论〈侵权责任法〉中的医疗损害责任》，载《法商研究》2010年第6期。

② 媒体报道，2015年深圳血液中心人均收入19.68万元，引起社会重大反响，无偿献血的人数短时间内减少了一半，导致深圳市血型库存全面告急。参见郑小红：《深圳卫计委：血液中心人均收入非35.7万实为19.68万》，载中新网深圳：http://news.sina.com.cn/c/2015-07-07/190132082762.shtml，最后访问日期：2016年6月24日。

偿，无论向谁请求赔偿，都是全额赔偿，若满足责任构成要件，任一主体都不能拒绝赔偿。笔者认为，该“选择责任主体”的模式恰好是连带责任的实质要素之一，即任一赔偿责任人都对赔偿责任承担全部责任。且被请求人承担何种责任并不影响连带责任的成立，如数个责任人，既可以由主体承担严格责任，也可以由主体承担过错责任，但无论哪一主体被请求赔偿时，以较高责任构成要件为准，如既有承担严格责任的也有承担过错责任的，应以严格责任为标准。这与《法国民法典》对此事项的规定是一致的。①

因此，对于第59条规定的连带责任，无论血液提供机构与医疗机构承担同样的过错责任，还是各自承担过错责任，或是二者承担不同的责任，都不影响二者承担连带责任。虽然该条文规定受害人可在医疗机构与血液提供机构之间进行选择，但笔者认为，受害人当然可以选择同时起诉医疗机构和血液提供机构，“更有利于节约诉讼成本、减轻医疗机构的负担”。②

第二，血液提供机构或医疗机构被起诉后，若满足责任构成要件，承担全部赔偿责任后，医疗机构可以向血液中心请求追偿。连带责任对外效力是连带责任人之一履行赔偿责任后，便使债务消灭，其他责任人无须再向受害人承担赔偿责任。但在对内效力上，连带赔偿责任人有权按照份额向其他连带责任人追偿其“多付”的份额。输血感染病毒侵权责任领域，医疗机构有单向追偿权，即医疗机构赔偿受害人后，有权向血液中心追偿，却不存在血液中心向医疗机构追偿的情形。无论单向追偿还是双向追偿，都不影响该条连带责任的成立。《侵权责任法》第59条中的“有权”追偿只是资格问题，并不意味着医院赔偿受害人的案件，医院都能向血液中心获得追偿。实

---

① 参见《法国民法典》第1201条规定：即使债务人之一对同一债务的清偿所负担的义务不同于其他债务人，例如，一债务人仅依某种条件负担债务，而其他债务人所负债务并无条件，或者一债务人的债务规定有并未给予其他债务人的期限，此种债仍得为连带债务。

② 梁慧星：《论〈侵权责任法〉中的医疗损害责任》，载《法商研究》2010年第6期。

际上，即便在受害人起诉医疗机构的案件中，血液被认定为不合格，在医疗机构向血液中心追偿的案件中，血液中心仍然可能通过证明血液合格而不承担追偿责任。医疗机构反而成为救济体系中承担风险最大的主体。

（二）条文规定医疗机构和血液提供机构承担连带责任的进一步探讨

《侵权责任法》第59条的模式来源于《产品质量法》第43条和《侵权责任法》第43条，该种模式在我国首现于1993年《产品质量法》第31条。近年来，我国民法学界对不真正连带责任的研究逐渐升温，[①]《侵权责任法》第43条常被作为典型的不真正连带责任。[②]1993年《产品质量法》至今，民法领域的法律多处规定了该种模式的连带责任，仅在《侵权责任法》中就有第43条的产品责任、第59条的医疗产品责任、第68条的环境侵权责任[③]以及第83条的动物致害赔偿责任，[④]《消费者权益保护法》第43条[⑤]规定的销售者、服务提供者的赔偿责任是同一模式。我国学者将该种连带责任称为"不真正连带责任"，以与真正的连带责任相区别。既然《侵权责任法》第59条承袭了同样的模式，笔者也有必要对该种模式的连带责任问题进行阐释，以明晰其在输血感染病毒侵权责任中的地位和影响。

---

① 以"不真正连带责任"为篇名关键词，在中国期刊网（cnki）进行搜索，共有84篇论文，2009年之前仅有16篇论文，2012年1年就有高达21篇论文发表。

② 参见杨立新：《论不真正连带责任类型体系及规则》，载《当代法学》2012年第3期。

③ 第68条规定：因第三人的过错污染环境造成损害的，被侵权人可以向污染者请求赔偿，也可以向第三人请求赔偿。污染者赔偿后，有权向第三人追偿。

④ 第83条规定：因第三人的过错致使动物造成他人损害的，被侵权人可以向动物饲养人或者管理人请求赔偿，也可以向第三人请求赔偿。动物饲养人或者管理人赔偿后，有权向第三人追偿。

⑤ 第43条规定：消费者在展销会、租赁柜台购买商品或者接受服务，其合法权益受到损害的，可以向销售者或者服务者要求赔偿。展销会结束或者柜台租赁期满后，也可以向展销会的举办者、柜台的出租者要求赔偿。展销会的举办者、柜台的出租者赔偿后，有权向销售者或者服务者追偿。

我国学者所谓的不真正连带债务，“是指多数债务人就基于不同发生原因而偶然产生的同一内容的给付，各负全部履行之义务，并因债务人之一的履行而使全体债务人的债务归于消灭的债务”。[①]该观点沿袭了民国时期民法学者的观点，史尚宽先生言：“不真正连带债务谓数债务人基于不同之发生原因，对于债权人负以同一之给付为标的之数个债务，依一债务人之完全履行，他债务因目的之到达而消减之法律关系。”[②]而不真正连带责任的概念是由德国学者艾泽勒（Eisele）在《共同连带和单纯连带》一文中首先提出，是在德国普通法时期“连带债务二分论”的基础上，由连带债务中的单纯连带债务逐步演化而来的。[③]

在德国，虽然学者提出不真正连带责任的概念，但立法机关并未采纳，其产生主要是解决《德国民法典》关于连带责任无法涵盖的法律漏洞，艾泽勒提出这一概念时，主要是认为《德国民法典》第421条[④]规定的连带责任应该是基于同一发生原因才成立真正连带责任，其他则被称为不真正连带责任，但后来学界有不少不同意见和理论学说，对于真正连带责任与不真正连带责任的争论也进行了几十年，最后无疾而终，学界放弃了对该理论的争论，实务界也很少使用不真正连带责任的概念。

---

① 王利明著：《中国民法案例与学理研究》（债权篇），法律出版社1998年版，第3页。

② 史尚宽著：《债法总论》，荣泰印书馆1954年版，第642页。

③ 参见高圣平：《产品责任中生产者和销售者之间的不真正连带责任》，载《法学论坛》2012年第2期。

④ 《德国民法典》第421条规定：二人以上以其中每一人都有义务履行全部给付但债权人只有权请求给付一次的方式，负担一项给付的连带债务人，债权人可以随意向其中任何一个债务人请求全部给付或部分给付。到全部给付被履行时为止，全体债务人仍负有义务。参见《德国民法典》，陈卫佐译，法律出版社2005年版，第147页。

在法国,依据《法国民法典》第 1202 条[①]法定连带责任的规定以及第 1213 条、第 1216 条对缔结连带债务的规定,法国民法中的连带责任只有两种方式可以成立:法定连带责任和缔结连带责任。该模式的突出问题在于法官在司法实践中遇到确实需要让债务人负连带责任的情形时,却无法可依。于是,法官在司法实践中发展起来的在某个领域有必要适用连带责任的情形,就被称为“不真正连带责任”,以区别于“法定连带责任”和“缔结连带责任”。

相比较大陆法系的两个代表国家德国和法国在连带责任“名称”上所遇到的窘境,英美法系国家就没有这种困惑,英美法系的连带责任原本就起源于判例,[②]在司法实践中法官不断充实连带责任所适用的领域,因为没有所谓“法定连带”和“缔结连带”的立法束缚,无须创造一个“不真正连带责任”的概念。

从德、法、英、美国家关于连带责任的发展来看,法国和德国之所以使用“不真正连带责任”的概念,是因为成文法所限,且局限于连带责任只有法定和缔结两种(法国),当现实中需要适用连带责任时,法官“创造”的连带责任就被称为不真正连带责任,因为其既不属于法定连带也不属于缔结连带。且德国的学术界和实务界都越来越少地使用“不真正连带”的概念。所以,从实质意义上来讲,区分“连带责任”与“不真正连带责任”无论从哪个角度分析都并无太大意义。

我国学术界的不真正连带责任的概念来源于我国台湾地区,我

---

① 《法国民法典》第 1202 条规定:债的连带性,不得推定,应明文订定。此项规则尽在依法律之规定当然成立连带性的场合才停止适用。参见《法国民法典》,罗结珍译,北京大学出版社 2010 年版,第 317 页。

② 英国最早适用连带责任的案例可追溯至 1613 年的 John Heydon(11Co. Rep. 5,77 Eng. Rep. 1150)案。参见 W. Page Keeton et al., *Prosser And Keeton On The Law on Torts* (5th),West Publishing. Co., 1984, p. 323, n. 3。美国《侵权法重述:责任分担》(第 3 版)则将英美法系连带责任追溯至 1771 年的 Hill v. Goodchild(98 Eng. Rep. 465, K. B. 1771)案。

国1993年的《产品质量法》第31条规定的模式确立后，被后来学者称为“不真正连带责任”，以区别于《民法通则》及其他法律规定的“真正连带责任”，我国不少学者致力于二者的区分。[①] 有两个问题要明示：首先，1993年《产品质量法》第31条被2000年修订的《产品质量法》第43条代替，最早对其阐释的梁慧星教授仅仅将其定性为“连带责任”；[②]其次，法国和德国的不真正连带责任是法律无规定时的“无奈之举”，而我国学者称《产品质量法》第43条的连带责任为不真正连带责任，实则改变了德国和法国立法无法涵盖的“连带责任”为不真正连带责任的做法，将“不真正连带责任”法定化，作为与真正的“法定连带责任”相区别的“法定不真正连带责任”，且甚至有学者将补充责任和垫付责任都称为不真正连带责任的特殊类型。[③]

鉴于以上理由，笔者认为，《侵权责任法》第59条规定的输入不合格血液致害责任为连带责任，无须区分真正连带责任与不真正连带责任，因为它满足了连带责任最基本的两个特征：其一，受害人可选择任一责任主体进行起诉，要求赔付全部损害的损失；其二，先行

---

① 有不少学者试图区分连带责任与不真正连带责任。主要不同点包括：第一，产生的原因不同。不真正连带债务是基于不同的原因而产生的，是各个独立的债务，各项债务均是基于不同的发生原因而分别存在的。第二，行为人之间是否具有共同过错不同。在不真正连带责任中，各个行为人之间并不存在共同的过错，数个债务的产生大多为偶然产生的，债务人之间没有共同目的，主观上也无联系，给付相同纯粹出于偶然的巧合。第三，是否存在追偿关系不同。不真正连带债务的主要特点在于不存在追偿权，而连带债务却存在追偿权，连带债务人之一作出完全给付以后，有权向其他连带债务人追偿。参见王利明著：《侵权行为法研究》，中国人民大学出版社2004年版，第721页、第722页。但笔者认为，产生原因、行为人之间是否具有共同过错，是否存在追偿关系，都无法将连带责任与不真正连带责任区分开来。

② 梁慧星教授指出，第43条关于消费者可选择生产者和销售者起诉的模式属于“连带责任”的规定，且生产者承担严格责任，销售者承担过错责任，并不影响连带责任的成立。参见梁慧星：《中国产品责任法——兼论假冒伪劣之根源和对策》，载《法学》2001年第6期。

③ 参见杨立新：《论不真正连带责任类型体系及规则》，载《当代法学》2012年第3期。

赔付的责任主体有追偿的权利。[①] 第59条规定的是医疗机构向血液中心的单向追偿，主要是因为医疗机构对造成血液存在病毒的可能性极小，血液存在病毒致害中，血液中心绝大多数情形是元凶，不管其行为是否有过错。

第三节　连带责任的正当性及其对司法实践的影响

经过前文分析，笔者已经确认《侵权责任法》第59条规定的医疗机构与血液提供机构所承担的是连带责任。在我国语境下，医疗机构与血液提供机构对输入不合格血液承担连带责任是否具有正当性，[②]该条规定的连带责任对司法实践是否已经产生影响？产生了怎样的影响？

一、医疗机构与血液中心承担连带责任的正当性

在比较法上，医疗机构与血液中心为输血感染病毒致害负赔偿责任并无疑义，分歧在于其承担过失责任还是严格责任。如美国，在各州颁布《血液保护法》之前不乏法院依据严格责任判决医疗机构

---

① 最早规定连带责任的《法国民法典》第1198条和第1214条分别规定了这两个特征。第1198条规定：债务人只要没有收到连带债务人质疑的起诉，即可由其选择向任何一连带债权人进行清偿。第1214条规定：已经全额清偿连带债务的共同债务人，对其他每一个债务人只能请求偿还它们各自应当负担的债务份额与部分。参见《法国民法典》，罗结珍译，北京大学出版社2010年版，第316页、第318页。

② 关于连带责任的正当性，阳雪雅在《连带责任研究》一书中提出："连带责任是侵权法功能的完美体现；连带责任是刑法与侵权法关联的最好注脚。"该书也阐述了连带责任的价值基础和社会基础。参见阳雪雅著：《连带责任研究》，人民出版社2011年版，第90～91页。

或血液中心承担赔偿责任。"《血液保护法》将血液归入服务而非产品",[①]不能适用严格责任,《侵权法重述第三版:产品责任》第19节(c)也明确排除输血感染病毒在产品责任中的适用,这意味着其由过错责任来调整。在法国、英国、德国、意大利,无论依据何种理论基础,医疗机构与血液中心均可被起诉。在为输血感染病毒负赔偿责任上,意大利最高法院甚至判决让卫生部负赔偿责任。早在1998年,出现了卫生部因未履行监管义务而承担责任的首个判决,依据是它未履行与血液产品的生产、进口和分配有关的监管义务。[②] "在新近的一项判决中,意大利最高法院已经对卫生部的侵权责任作出表态,依据是在输入带有丙肝病毒感染血液的情况下,卫生部未履行与生产、进口并分配血液产品有关的监管义务。"[③]但各国立法和司法案例均未明示医疗机构与血液中心是否承担连带责任,故下文分析主要是在我国语境下。

(一)生产者与销售者连带责任的正当性

我国学界基本达成共识的是:"《侵权责任法》第41条至第43条规定的是产品责任中生产者和销售者的不真正连带责任。"[④]依据笔者分析,该种"不真正连带责任"称为"连带责任"比较妥当,无所谓真正连带抑或不真正连带。接下来就分析生产者与销售者承担连带责任的正当性。从比较法上来看,生产者与销售者对消费者承担连带责任在大陆法系的连带责任体系中找不到渊源。而在美国20世纪80年代兴盛的连带责任改革之前,在消费者同时起诉生产者与销售者时,法院判决二者承担连带责任并非稀罕事。但在美国比较过失制度兴起和连带责任改革后,伴随着销售者承担严格责任受到

---

① Charles E. Cantu, "The Illusive Meaning of the Term 'Product' Under Section 402A of the Restatement Second of Torts", 44 *OKLA. L. REV.* 635, 651(1991).

② 参见亚历桑德罗·斯卡尔索:《欧洲法域报告》,载杨立新主编:《世纪侵权法学会报告:产品责任》,人民法院出版社2015年版,第260页。

③ 同上书,第259页。

④ 杨立新:《论不真正连带责任类型体系及规则》,载《当代法学》2012年第3期。

很大的限制后，法院很少判决生产者与销售者对产品责任承担连带责任。

而我国1993年《产品质量法》第31条“为了方便消费者”“可以避免消费者因为无法证明缺陷具体原因而难以确定责任主体的困难，体现了对受害人合法权益的最大限度地保护”，[①]规定了没有冠以“连带责任”之名的“连带责任”，却不小心在世界范围内首次以“立法”的形式明确生产者与销售者承担连带责任。[②] 笔者认为，生产者与销售者承担连带责任特别是在我国背景下具有正当性。主要基于以下两点：

第一，更有效地保护受害人的利益。在产品责任法中，生产者和销售者基于其作为非自然人与受害人基于自然人的强弱差距，使连带责任的适用具有一定的合理性，其能够更好地保护受害人。“早期连带责任产生之初，只有那些协同行为的数个侵权人才负连带责任，每一行为人都应对受害人的全部损害负赔偿责任。”[③]因此，适用“任一连带责任人对债务的清偿都导致债务履行完毕”的连带责任，目的是限制受害人逐一请求连带责任人而获得多倍损害赔偿，其产生的附带的结果却是保证受害人能够获得实际损害的赔偿，也就是多数学者所提到的“任何一个承担连带责任的侵权人都负有赔偿受害人全部损失的义务，从而使受害人赔偿目标落空的可能性显著降低”。[④] 连带责任对于保证受害人获得实际损害的全部赔偿有保证

---

① 最高人民法院侵权责任法研究小组编著：《〈中华人民共和国侵权责任法〉条文理解与适用》，人民法院出版社2010年版，第313页。

② 美国20世纪侵权法改革以前，根据连带责任一般理论，生产者、销售者可承担连带责任，有些州在废除或限制连带责任后，将产品责任作为适用连带责任的例外情形，但大多将其限定在严格产品责任范围内，有的州只针对生产者。该种意义的连带责任，范畴要广泛，与我国专门针对生产者、销售者的连带责任有所不同。

③ Nancy C. Marcus, “Phantom Parties and Other Practical Problems with the Attempted Abolition of Joint and Several Liability”, 60 *Ark. L. Rev.* 437, 438(2007).

④ 胡海容：《美国侵权法上连带责任的新发展及其启示》，载《法商研究》2008年第3期。

作用,但这其实是忽视了每一连带责任人原本就应该为全部损害负责任。①

第二,销售者将产品出售给了受害人,而这个产品出自生产者之手。在世界上唯一将销售者作为产品责任主体的美国和中国,为了销售者是否如生产者一样承担严格责任都曾展开过激烈的争论。②为什么销售者与生产者承担连带责任具有正当性?首先,对于销售者而言,有缺陷的产品是经其手到达消费者的。销售者不宜承担严格责任的重要考虑是,销售者对制造缺陷、设计缺陷的产生并无实质性影响,对于警示缺陷也并非完全能够控制。在涉及连带责任时,似乎面临着同样的障碍,即销售者似乎不应该承担更重的责任。但笔者认为,销售者作为与消费者唯一有直接联系的主体,其将缺陷产品交给了消费者导致伤害,即便这个伤害的原因并非其"制造",岂有不负责任之理?其次,对于生产者,其虽与消费者并无合同关系,但其"制造"的缺陷产品导致伤害,其与销售者承担连带责任无可非议。

(二)医疗机构与血液中心连带责任的特殊拷问

1. 医疗机构、血液中心是否营利的拷问

当《侵权责任法》第59条拷贝了第43条的连带责任模式,有人会提出新的疑问:即便生产者与销售者承担连带责任具有合理性,让医疗机构与医疗产品生产者承担连带责任是否具有合理性。笔者认为,这里的关键问题是医疗机构与销售者地位的比较。有两种观点:

---

① 学术界对连带责任产生的原因归结于其对原告"某一被告不能清偿之风险"的保护,是为了保护受害人。但王泽鉴先生新版《侵权行为》对旧版进行了修订,后者提到"例变字第1号创设行为关联共同加害行为,乃在使数加害人负连带损害赔偿责任,使被害人就同一损害不得请求多数赔偿,并规范加害人内部求偿关系"。参见王泽鉴著:《侵权行为》,北京大学出版社2009年版,第365页。

② 我国学术界对销售者是否承担严格产品责任一直未达成一致,主流观点认为其对外与生产者一样承担严格责任,对内则承担过错责任。美国销售者自从1964年的Vandermark v. Ford Motor Co.【391 P.2d 168, 171-172(Cal. 1964)】案被判决承担严格责任后,销售者严格责任受到各种限制。

一种观点认为,医疗机构可视为销售者,承担与销售者同等程度的责任;[①]另一种观点认为,医疗机构与销售者有本质区别,“其不论公立还是私立,其设立宗旨都是‘救死扶伤,防病治病,为公民的健康服务’,而非营利。医疗机构的‘非营利性’与经营者的‘营利性’有着本质的区别”。[②] 美国“《血液保护法》禁止严格责任诉讼,规定血液提供是一项服务(而非买卖)或者直接指出,供应者只有过错时才为供应血液产品负责任”。[③] 这一基本原则的依据是,在《侵权法重述》(第2版)第402A条之下,医疗服务提供者不是销售者。笔者认为,医疗机构是否为销售者争论的实质是,是否营利、是否可通过产品价格将损害成本分摊出去,即使医院不能通过药品、医疗服务价格将损害成本转嫁给其他患者,即使其收入来自政府财政,而政府财政收入来自纳税人,最终也是纳税人(比患者范围更大)分摊了损害成本。故笔者认为,第59条让医疗机构与医疗产品生产者承担连带责任并无不当之处。

2. 医疗机构、血液中心能否分摊损害成本的拷问

由于《侵权责任法(草案)》第2次审议稿第62条与第61条两个条文均“出于方便受害患者行使求偿权,保障受害患者能够获得法律规定的损害赔偿的政策目的,全国人大常委会决定合并为一条,即《侵权责任法》第59条”。[④] 有人会再次提出疑问,让药品、消毒药剂和医疗器械的生产者与医疗机构承担连带责任也就罢了,让医疗机构与血液提供机构承担连带责任就更无正当性可言。“产品制造者通常可以通过价格机制或者保险机制分散风险,但医疗机构及其医务人员既不能决定药品的价格,也没有药品责任保险予以保障,其无法转嫁因药品缺陷所导致的赔偿风险。医疗机构和医务人员只能

---

① 参见董春华:《中美医疗器械侵权中医疗机构性质之争》,载《商业研究》2011年第8期。

② 刘珊:《医疗器械致人损害纠纷的疑难问题探析》,载《新学术》2007年第5期。

③ David G. Owen, *Products Liability Law*, Thomson West, 2008, pp. 1119 – 1120.

④ 梁慧星:《论〈侵权责任法〉中的医疗损害责任》,载《法商研究》2010年第6期。

通过提高医疗服务的价格水平以缓解药品缺陷损害带来的冲击。如果要求医院对药品承担基于连带的无过错责任,则防御性医疗必然大行其道。这必然会增加医疗成本,许多消费者无法得到足够数量和水准的医疗服务,并极大阻碍医学和药学的进步。"①而血液中心更不可能通过血液价格分摊赔偿损失的成本。笔者认为,医疗机构与血液中心的特殊性在于其性质与经营者的营利性和不能分摊损害成本不同,但血液的特殊性不仅是其来源的特殊性(来源于人体),更在于其"使用"的特殊性——直接输入人体。且确实是医院将血液输入了患者的身体,又是血液中心提供了存在病毒的血液,在此过程中,受害人并无任何过错,血液存在病毒致害由二者承担连带责任似乎并不为过。

3. 医疗机构、血液中心在导致血液不合格中的角色拷问

(1)关于医疗机构。依据我国相关行政法规,医疗机构并无检测血液中是否含有病毒的实质性义务。首先,根据我国《献血法》第13条规定:"医疗机构对临床用血必须进行核查,不得将不符合国家规定标准的血液用于临床。"第22条规定:"医疗机构的医务人员违反本法规定,将不符合国家规定标准的血液用于患者的,由县级以上地方人民政府卫生行政部门责令改正;给患者健康造成损害的,应当依法赔偿,对直接负责的主管人员和其他直接责任人员,依法给予行政处分。构成犯罪的,依法追究刑事责任。"也就是说,医疗机构有义务将符合国家规定标准的血液用于临床,但若将此不合格血液用于输血的,"医疗机构的医务人员"接受相关惩罚或者进行赔偿。但至于医疗机构到底是否有义务检测从血库里拿来的血液是否有病毒并不明晰。

其次,根据卫生部颁布、2000年10月1日开始实施《临床输血技术规范》第19条规定:"全血、血液成分入库前要认真核对验收。

① 廖焕国:《医疗机构连带承担药品缺陷责任之质疑》,载《法学评论》2011年第4期。

核对验收内容包括:运输条件、物理外观、血袋封闭及包装是否合格,标签填写是否清楚齐全(供血机构名称及其许可证号、供血者姓名或条形码编号和血型、血液品种、容量、采血日期、血液成分的制备日期及时间,有效期及时间、血袋编号/条形码,储存条件)等。"该法通篇并未提到医疗机构是否要对血液再次进行病毒的检测。

最后,2012 年 8 月 1 日开始实施的《医疗机构临床用血管理办法》[①]第 16 条规定:"医疗机构接收血站发送的血液后,应当对血袋标签进行核对。符合国家有关标准和要求的血液入库,做好登记;并按不同品种、血型和采血日期(或有效期),分别有序存放于专用储藏设施内。血袋标签核对的主要内容是:(一)血站的名称;(二)献血编号或者条形码、血型;(三)血液品种;(四)采血日期及时间或者制备日期及时间;(五)有效期及时间;(六)储存条件。禁止将血袋标签不合格的血液入库。"该条文明确规定了医疗机构的血液检查义务,主要是对血袋相关信息的核查,并不包括对血液本身再次进行实质性的病毒检测。此外,该法第 18 条、[②]第 19 条、[③]第 21 条[④]分别对医疗机构的储血、何时应该输血的标准、医师让患者或者其近亲属知悉输血风险并签署输血治疗知情同意书作出了规定,但所有这些规定都不涉及医院对血液进行实质性病毒检测的义务。

从《献血法》《临床输血技术规范》和《医疗机构临床用血管理办

---

① 经 2012 年 3 月 19 日卫生部部务会议审议通过,2012 年 6 月 7 日卫生部令第 85 号公布,2012 年 8 月 1 日实施。

② 第 18 条规定:医疗机构的储血设施应当保证运行有效,全血、红细胞的储藏温度应当控制在 2℃ ~6℃,血小板的储藏温度应当控制在 20℃ ~24℃。储血保管人员应当做好血液储藏温度的 24 小时监测记录。储血环境应当符合卫生标准和要求。该条文明确规定了医疗机构的血液储存标准和义务。储存的具体要求很高,但违反这些标准并不能实质性地导致血液存在病毒。

③ 第 19 条规定:医务人员应当认真执行临床输血技术规范,严格掌握临床输血适应证,根据患者病情和实验室检测指标,对输血指证进行综合评估,制订输血治疗方案。

④ 第 21 条第 1 款规定:在输血治疗前,医师应当向患者或者其近亲属说明输血目的、方式和风险,并签署临床输血治疗知情同意书。

法》规定的医疗机构对血液保存和输血的义务和承担的责任来看，医疗机构接收了血液中心提供的血液后，并无实质性检测血液是否含有病毒的义务，其虽在输血前有告知患者或其近亲属输血风险并要求其签署知情同意书的义务，但违反告知义务是否因该“过错”必然导致其负侵权责任，这在司法实践中并不统一和明确。故依据相关行政法规和专门性法律，医疗机构没有义务检测血液中是否有病毒。①

（2）关于血液中心。首先，就性质上而言，血液中心是公益性组织，对其追究连带责任似乎并不适当。依据2006年3月1日开始实施的《血站管理办法》第35条规定：“血站应当保证发出的血液质量符合国家有关标准，其品种、规格、数量、活性、血型无差错；未经检测或者检测不合格的血液，不得向医疗机构提供。”1998年10月1日开始实施的《献血法》第8条规定：“血站是采集、提供临床用血的机构，是不以营利为目的的公益性组织。”《血站管理办法》第2条规定：“本办法所称血站是指不以营利为目的，采集、提供临床用血的公益性卫生机构。”“公益性”是血站最根本的特征。血液中心所进行的血液的采集、保存及运输等业务不以牟利为目的。《献血法》第14条规定：“公民临床用血时只交付用于血液的采集、储存、分离、检验等费用；具体收费标准由国务院卫生行政部门会同国务院价格主管部门制定。”且该法第2条明确规定我国实行无偿献血制度，无偿捐献的血液不得买卖。那为何献血是无价的，患者用血时却是有价的？根据《关于调整公民临床用血收费标准的通知》（卫规财发〔2005〕437号），血站向医疗机构供应血液的价格包括血站采集、储存、分离、检验的费用。全血收费标准全国统一为每200毫升220

---

① 为何行政法规不再规定医疗机构对血液进行实质性的病毒检测？主要原因是成本太高。美国早在1996年就做过实验，让医疗机构通过抗原测试法对血液进行检测，结果从2500万献血人员中检测出3例窗口期内的病毒血源，但检测成本高达4000万~6000万美元。参见张磊：《输血感染病毒侵权赔偿研究》，载法律图书馆论文资料库：http://www.law-lib.com/lw/lw_view.asp?no=2152，最后访问日期：2016年6月17日。

元。“即输血价格主要是成本,包括采血费用(血袋、试管、皮条、试剂等),对相关传染疾病(包括乙肝、丙肝、梅毒、艾滋病等)、血型、肝功的检测费用,对血液的冷藏、分离设备的费用等。用血时收取的‘血液费’并不是血液本身的费用,而是从血液采集到患者输注所产生的过程费用。”①血液中心与其他产品(包括药品、消毒药剂及医疗器械等医疗产品)生产者存在本质区别,血液中心并未从血液买卖中获得利益。

其次,《侵权责任法》实施前血液中心并不承担民事责任。《血液管理办法》对医疗机构的医务人员存在过错导致损害规定了民事赔偿责任,但对血液中心的民事责任并未作出规定。据《血站管理办法》第61条、第63条,血站作为特殊的非营利公益性组织,在其违反规定,向医疗机构提供不符合国家规定标准的血液的,承担相应行政责任,严重的承担刑事责任,还可注销《血站执业许可证》。作为非营利组织,其承担民事责任的依据仅符合“主体、过错、违法行为、损害事实和因果关系五个方面”②即可,作为公益性组织,其不可能在此基础上再承担更多的义务和更重的责任。所以,与血液中心违反相关规定导致血液不合格承担行政责任、刑事责任一样,其应该只在违反相关规定导致输血受害人伤害时才负侵权性民事责任。

尽管我国行政法规对作为非营利性公益组织的血液中心承担民事责任持迟疑态度,即便在《侵权责任法》实施前的司法实践中,血液中心作为被告被起诉的比例也高达31.8%(41/129),甚至还有一个案例仅有血液中心被起诉,③血液中心与医院共同或单独负赔偿或补偿责任的案件共有25件,占全部案例的19.4%(25/129)。在

---

① 《为何无偿献血者在用血时要收费?》,载《东方今报》(郑州):http://news.163.com/14/1118/17/ABBNH78500014Q4P.html,最后访问日期:2016年6月17日。

② 鲁篱、罗颖姝:《公益性非营利组织法律责任研究——以基金会为中心》,载《上海财经大学学报》2014年第1期。

③ 胡某与武汉血液中心案,湖北省武汉市硚口区人民法院民事判决书(2014)鄂硚口民一初字第00280号。

所收集的标本案例中，血液中心最早被起诉的案例是龚某与海军414医院、南京市红十字血液中心案，血液中心与医院共同承担损害赔偿，承担80%的责任。

综上，医院对血液病毒不负实质性检测的义务，血液中心为非营利性公益性组织，且在《侵权责任法》实施前，依据行政法规，不承担民事赔偿责任，由其承担连带责任似乎并不具有很强的说服力。但第59条确实已经让二者为输入不合格血液致害承担了连带责任。

二、《侵权责任法》第59条对司法实践的影响

因血液中心采集血液，医疗机构将血液输入患者体内，排除了医院自行采血的情形，实质上应该都属于涉及医疗机构与血液提供机构责任分担的情形。从原告起诉被告的主体来分类，主要分为两种情形：只起诉医院的案件与同时起诉医院和血液提供机构的案件。

(一)仅有医疗机构为被告

仅有医院作为被告时，似乎并不涉及其与血液中心之间的责任分担，因为被告为单一责任主体。但连带责任的特征之一是受害人既可选择起诉一个责任主体，也可以选择同时起诉多个责任主体。该种情形下，有些法院会明确被起诉责任主体有向其他责任主体的追偿权，也有法院并不明确。

1. 法院明确医疗机构的追偿权

《侵权责任法》第59条规定："医疗机构赔偿患者后，有权向负有责任的生产者或者血液提供机构进行追偿。"这条规定给法院判决医疗机构的"追偿权"提供了法律依据，《侵权责任法》实施后，确实有法院在判决中明确医疗机构的追偿权。刘某与中国人民解放军第一六一医院案[①]法院认定："刘武作为患者有权向医疗机构一六一医院请求赔偿，一六一医院赔偿刘某后，有权向血液提供机构追偿。"该法院使用的是"有权"一词。笔者认为，"有权"意味着该主体

---

① 湖北省武汉市江岸区人民法院民事判决书(2015)鄂江岸民初字第00010号。

获得该项权利,无须其他行为确认,即医疗机构赔偿患者后依据该判决可以要求血液提供机构进行赔付。涉及担保人的追偿权时,最高人民法院《关于适用〈中华人民共和国担保法〉若干问题的解释》第42条规定:"人民法院判决保证人承担保证责任或者赔偿责任的,应当在判决书主文中明确保证人享有《担保法》第三十一条规定的权利。判决书中未予明确追偿权的,保证人只能按照承担责任的事实,另行提起诉讼。"这条规定实际表明两层含义:一是判决书明确追偿权的,保证人无须另行诉讼,可直接向法院申请执行;二是判决未明确追偿权的,保证人需要另行诉讼,不能直接申请执行。涉及输血致害责任中的医疗机构也应该如此。但有法院使用"可以"一词,如郅某与宝丰县人民医院案[①]法院认定:"宝丰县医院在承担赔偿责任后,可以向血液提供机构追偿。"笔者认为,相比较"有权","可以"的效力弱很多,当血液提供机构拒绝赔付时,医疗机构只能另行起诉。故从判决来看,法院欲赋予医疗机构追偿权,应该使用"有权"而非"可以"。

以上两则案例发生在《侵权责任法》实施后,该法实施前法院是否也会判决血液提供机构的"追偿权"?南通医学院附属医院、南通市红十字中心血站、南通市卫生局与王某案[②]初审法院认定:"第三人中心血站、南通市卫生局具有同等过错,被告医院就其向原告所负赔偿责任有权向上述两个第三人行使追偿权,上述两个第三人承担连带赔偿责任。"虽然二审法院改判直接对三者的责任比例进行了分配,[③]但让医疗机构承担赔偿责任,其有权向血液提供机构追偿,这一连带责任的判定并非无法可依而被改判,同时也说明医疗机构与血液提供机构承担连带责任并非《侵权责任法》的首创。

---

① 河南省平顶山市宝丰县人民法院民事判决书(2013)宝民初字第1292号。

② 江苏省南通市中级人民法院(1998)通民终字第2087号。

③ 二审法院判定,原告王某今后应在如东县中医院、南通市第三人民医院、上海市传染病医院范围内进行治疗,所发生的费用凭发票由南通市卫生局承担20%,南通医学院附属医院承担20%,中心血站承担60%。

所以,从以上情形来看,《侵权责任法》的实施提高了法院在判决书中明确"医疗机构追偿权"的比例,但法院并非在该法实施后才开始依据连带责任(包括追偿)判定医疗机构的责任。

2. 法院未明确医疗机构的追偿权

在医院被单独起诉的案例中,未明确医疗机构对血液提供机构追偿权的案例占绝大多数。在155件单独起诉医院的案例中,仅有上述2件案例明确医疗机构的追偿权,有153件案例未明确追偿权,占98.7%。这98.7%的案例中,医疗机构并无明确的追偿权,若其要获得追偿,一则通过其与血液中心的业务往来合同,二则通过法院诉讼获得赔付。笔者无法从判决看到第一种情况,第二种情况也很少出现,主要原因是很多案例的医疗机构被判决负赔偿责任,自身也有过错,此时即使是血液不合格,也很难从血液中心那里获得追偿。

(二)医疗机构和血液提供机构同为被告

当医疗机构和血液中心同为被告时,法院必须在判决中明确二者的责任分担。依据上文的统计数据,上文《侵权责任法》实施前后,医疗机构与血液中心责任分担的变化为:实施前二者负连带责任的比例由14.6%上升至18.5%;实施前二者承担按份责任的比例由26.8%下降至3.7%;实施前二者承担按份补偿责任的比例由4.9%上升至22.2%;实施前承担单独责任由26.8%下降至22.2%,但医疗机构单独责任由12.2%上升至14.8%,血液中心单独责任由14.6%下降至7.4%;承担共同责任(连带责任、按份责任和共同补偿责任)的比例由46.4%下降至44.4%。以上数据显示,法院直接判决二者承担连带责任的比例有略微上升,法院判决二者承担共同责任的比例有略微下降,法院判决二者各自承担单独责任的比例也有略微下降,《侵权责任法》的实施看似对法院判决医疗机构与血液中心的责任分担并无太大影响,二者责任分担种类的比例变化不大。那么,在比例变化不大的每类责任中,法院判决承担不同责任的依据是什么?笔者将二者责任分担分为连带责任、按份责任和单独责任,按份责任包含公平责任之下承担的按份补偿责任,以探究法院判决二者承担不同责任的依据。

1. 连带责任

法院判决医院和血液中心承担连带责任的直接依据是二者存在"共同过错"。在法院明确二者承担连带责任的 11 件案例中,只有艾某与中能化医疗集团总医院、平顶山市红十字中心血站案①法院明确认定,血站与医院因不能证明原告感染乙肝、丙肝的其他感染源,认定二单位"共同过错"导致原告感染乙肝、丙肝,二单位应当承担连带赔偿责任。其他案例的法院都只是认定二者都存在"过错"。如李某与宝丰县人民医院、宝丰县卫生防疫站案②,法院认定医院与血液提供机构都有过错,医院是未严格执行输血前的检验制度,未对血液进行核查,判决血液提供机构赔偿原告损失,而医院对上述款项承担连带赔偿责任。故判决连带责任的多数法院仅仅以二者均有过错作为连带责任的最低界限,并未将连带责任标准提高至"共同过错"。

笔者认为,医疗机构与血液中心均存在过错导致患者伤害的连带责任,应属于无意思联络的数人侵权导致的连带责任。按照大陆法系传统连带责任理论,共同侵权才可适用连带责任,无意思联络的数人侵权适用连带责任是后来的理论发展;英国最早期的连带责任只是适用于协同行为,美国在引进英国连带责任理论时,直接将连带责任适用于无意思联络的数人侵权。我国理论界对连带责任的研究并不明晰,认为只有法定连带才能适用连带责任,但司法实践中,是否适用连带责任是法官自由裁量的范畴,早在 1998 年判决的南通医学院附属医院、南通市红十字中心血站、南通市卫生局与王某案初审法院即判决血液提供机构与医院承担连带责任。

基于判决是否适用连带责任是法官自由裁量的范畴,法院的判决确实"有些随意"。耿某与郑州大学第三附属医院、河南省红十字

---

① 河南省平顶山市新华区人民法院民事判决书(2012)新民初字第 1116 号。

② 河南省平顶山市宝丰县人民医院民事判决书(2011)宝民初字第 1070 号。

血液中心案[①]法院判定，医院和血液中心不能举证输入血液合格或输血与损害之间不存在因果关系，二者即承担连带责任。不得不承认的是，《侵权责任法》第59条确实为有些法院判决连带责任提供了立法依据，如毛某与徐州市第一人民医院、徐州市红十字血液中心案[②]法院即直接依据《侵权责任法》第59条，判决医院与血液中心连带赔偿原告，且“市一院向毛某赔偿损失后，有权向血液中心追偿”。该案不仅认定二者承担连带责任，连二者的追偿关系亦已明确。

2. 按份责任

按份责任在医疗机构、血液中心输血致害责任中占有主要地位，包括按份的过错责任和按份的补偿责任。按份过错责任也属于医疗机构和血液中心均有过错的情况，其与连带责任之下的共同过错有何分别？法院如何依据过错区分“连带责任”与“按份过错责任”？

按份过错责任与连带责任的共同过错确实很难区分，区别只是在于前者的过错比例明确，后者的过错比例并未明确。法院明确过错比例与否并无确定的标准，原则上也属于法官自由裁量的范畴，有些法院会依据“鉴定意见”所确定的责任主体的“参与度”来确定过错比例，有些法院会“酌定”责任主体或者被告与患者之间的责任比例。如何某与驻马店市中心医院案[③]法院即酌定，医院与原告各承担50%的损失比例；李某耀、李某红、李某伟诉焦作煤业（集团）有限责任公司中央医院案[④]法院“酌定被告应对原告的各项损失承担25%的赔偿责任，原告对其损失自行承担75%的责任”；北某与驻马店市第一人民医院案[⑤]法院“酌定原被告承担的责任比例按3:7为宜”。“酌定”自然意味着斟酌而后定，属于法官自由裁量的范畴。

---

① 河南省郑州市二七区人民法院民事判决(2012)二七民一初字第1714号。

② 江苏省徐州市中级人民法院民事判决书(2014)徐民终字第2042号。

③ 河南省驻马店市中级人民法院民事判决书(2012)驻民三终字第529号。

④ 河南省焦作市解放区人民法院民事判决书(2014)解民重字第39号。

⑤ 河南省驻马店市中级人民法院民事判决书(2010)驻民三终字第727号。

饶有趣味的是，法官对依据过错作出的赔偿比例的自由裁量差别不小，如平顶山市红十字中心血站、汝州市第四人民医院、汝州市第一人民医院与魏某云案中，2002 年 12 月原告将上述三单位作为共同被告提起诉讼，经审理，汝州市法院作出（2003）汝民初字第 123 号民事判决书，判决被告平顶山市红十字中心血站承担 50%，汝州市第四人民医院承担 40%，汝州市第一人民医院承担 10% 的赔偿责任。判决后三被告均不服提起上诉，平顶山中级人民法院作出（2003）平民终字第 1158 号民事裁定书，撤销原判，发回重审。汝州市人民法院另行组成合议庭审理后作出（2005）汝民初字第 76 号民事判决书，判决平顶山市红十字中心血站承担全部民事责任。平顶山市红十字中心血站不服提起上诉，平顶山中级人民法院作出（2005）平民终二字第 217 号民事判决书，判决原告魏某云 2004 年 6 月 30 日前医疗费等各项费用由汝州市第四人民医院负担 40%，汝州市第一人民医院负担 20%，平顶山红十字中心血站负担 40%，判决后三被告已实际履行完毕。从该案复杂的“程序”和漫长的“历史”来看，同一案情，不同的法官可以作出差别很大的过错比例判定，法官的自由裁量由此可见一斑。

按份补偿责任的产生主要基于各方均无过错时，被告基于公平责任承担一定的补偿责任。判决补偿责任时的责任比例也属于法官自由裁量，情况与按份过错责任并无二异，并无统一的客观标准。

3. 单独责任

统计数据显示，医疗机构和血液中心承担单独责任的比例并无悬殊差别。（1）医院单独承担赔偿责任。医院单独承担赔偿责任的依据在于血液中心通过可靠证据证明了血液属于合格产品，而医院并不能证明自己无过错，如南阳市第一人民医院与周某、南阳市中心血站案[①]中，“血液中心提交的证据能够证明血液是合格的，而医院不能证明其医疗行为与损害后果之间无因果关系，故医院仍承担赔

① 河南省南阳市中级人民法院民事判决书（2015）南民二终字第 00514 号。

偿责任”;再如,张某与中国人民解放军第一五九医院案[①]中,“血液中心提供的证据足以证明所供血液合格,而法院推定医院诊疗行为与损害后果存在因果关系,医疗行为存在过错,承担赔偿责任”。

(2)血液中心单独承担赔偿责任。血液中心单独承担赔偿责任的依据是血液中心存在过错或者不能证明血液合格,而医院则有证据证明其诊疗行为符合法律规定,也有案例认定血液中心赔偿,而医院因无检测义务不负赔偿责任,分为两种情况:第一种情况是,医院只要证明血液来源于血液中心,就不再承担责任,如那某与洛阳轴承集团有限公司总医院、洛阳市中心血站案;[②]第二种情况是,医院无检测义务,没有过错,不予赔偿,如李某与新野县人民医院、新野县卫生局案。[③]

(三)《侵权责任法》第59条司法实践影响的总结

前文对《侵权责任法》第59条对医疗机构与血液中心连带责任的影响作了阐述,结论是其对连带责任判决的影响不大。那么,该条文实施以来对司法实践到底有何直接影响,笔者利用直接引用该条文的案例进行分析发现,直接引用该条的案例大体可分为以下三种情况。

1. 依据《侵权责任法》第59条判决医疗机构与血液中心的连带责任。标本案例中只有一件案例明确引用该条明示“二者连带责任”——毛某与徐州市第一人民医院、徐州市红十字血液中心案。法院认定,血液中心无法证明血液合格的事实,应对毛某产生的损失承担赔偿责任。第一人民医院作为毛某输血的医疗机构,也应承担赔偿责任,第一人民医院向毛某赔偿损失后,有权向血液中心追偿。血液中心无法证明血液合格的事实,应对毛某产生的损失承担赔偿责任。第一人民医院作为为毛某输血的医疗机构,也应承担赔偿责

---

① 河南省驻马店市驿城区人民法院民事判决书(2014)驿民初字第3299号。

② 河南省洛阳市中级人民法院民事判决书(2010)洛民终字第912号。

③ 河南省南阳市中级人民法院民事判决书(1998)南民初字第109号。

任,第一人民医院向毛某赔偿损失后,有权向血液中心追偿。依照《侵权责任法》第59条之规定,判决:判决生效后10日内,徐州市第一人民医院、徐州市红十字血液中心连带赔偿毛某。

2.法院或原告依据《侵权责任法》第59条反驳医院"不应该对血液致害负责任"的抗辩。这些案例中的医院认为,血液非自己采集,且依据相关行政法规,其对血液中的病毒无实质性的检测义务,从而主张免责。引用《侵权责任法》第59条的案例又分为以下两种情况:

(1)未明确第59条意图,泛泛加以引用。[①] 这些案例中的医疗机构通常被判定负责任,但法院并未明确依据第59条反驳医院抗辩,只是依据第59条判定医院承担责任。

(2)明确引用第59条反驳医院不承担责任的抗辩。这些案例中,医疗机构通常都是明确提出不负责任的抗辩,法院或原告必须直面这一抗辩。郅某与宝丰县人民医院案[②]法院认定:郅某依法有权选择起诉血液提供机构或医疗机构进行赔偿;中心医院与郭某、王某案[③]法院认定:根据《侵权责任法》第59条的规定,因输入不合格血

① 张某与中国人民解放军第一五九医院案,河南省驻马店市驿城区人民法院民事判决书(2014)驿民初字第3299号;李某与宝丰县人民医院、宝丰县卫生防疫站案,平顶山市宝丰县人民法院民事判决书(2011)宝民初字第1070号;陈某与南阳医学高等专科学校第一附属医院案,南阳市卧龙区人民法院民事判决书(2013)宛龙民一初字第128号;罗某与河南大学淮河医院案,河南省开封市中级人民法院民事判决书(2014)汴民终字第227号;孝感市中心医院与汤某案,湖北省孝感市中级人民法院民事判决书(2014)鄂孝感中民一终字第00331号;祝某与孝感市中心医院案,湖北省孝感市孝南区人民法院民事判决书(2015)鄂孝南民初字第00251号;胡某与靖江市人民医院、中国人民解放军第一〇一医院案,江苏省靖江市人民法院民事判决书(2014)泰靖民初字第2248号;于某与河北医科大学第三医院、河北省血液中心案,河北省石家庄市中级人民法院民事判决书(2014)石民二终字第00013号;李某与岳阳市云溪区人民医院案,湖南省岳阳市中级人民法院民事判决书(2015)岳中民三终字第136号;潘某与浏阳市镇头镇中心卫生院、浏阳市人民医院、长沙血液中心案,湖南省浏阳市人民法院民事判决书(2013)浏民初字第01940号。

② 河南省平顶山市宝丰县人民法院民事判决书(2013)宝民初字第1292号。

③ 湖北省襄阳市中级人民法院民事判决书,(2014)鄂襄阳中民二终字第00192号。

液造成患者损害的，患者可以向血液提供机构请求赔偿，也可以向医疗机构请求赔偿。郭某、王某选择撤回对中心血站的起诉，保留对中心医院的起诉符合法律规定；刘某与中国人民解放军第一六一医院案[①]法院认定："根据《中华人民共和国侵权责任法》第五十九条规定，'因药品、消毒药剂、医疗器械的缺陷，或者输入不合格的血液造成患者损害的，患者可以向生产者或者血液提供机构请求赔偿，也可以向医疗机构请求赔偿。患者向医疗机构请求赔偿的，医疗机构赔偿后，有权向负有责任的生产者或者血液提供机构追偿'，刘某作为患者有权向医疗机构一六一医院请求赔偿，一六一医院赔偿刘某后，有权向血液提供机构追偿"；高某与某人民医院、某血站案[②]法院认定："依据《侵权责任法》第五十九条规定：'因输入不合格的血液造成患者损害的，患者可以向生产者或者输入血液提供机构请求赔偿，也可以向医疗机构请求赔偿。'据此，原告对向谁主张损害赔偿具有选择权。原告高某选择医院作为被告主体适格。"

3. 引用《侵权责任法》第59条由以往判定医疗机构或血液中心行为是否合格，转变为判定血液是否合格。[③] 如高某与某人民医院、某血站案法院认为："《侵权责任法》第五十九条规定：因输入不合格的血液造成患者损害的，承担责任构成要件之一就是输入的血液不合格。"另外，《侵权责任法》实施后，绝大多数法院都已将承担责任的要件变更为判定血液是否合格。尽管该法实施前，也有法院使用"血液是否合格"的词语，但一般不明确其作为侵权责任要件的地位。

综上，第59条对司法实践产生了一定的影响，法院可据之直接

---

① 湖北省武汉市江岸区人民法院民事判决书(2015)鄂江岸民初字第00010号。

② 黑龙江省双城市人民法院民事判决书(2012)双商初字第1288号。

③ 杭州市红十字会医院与潘某、中国人民武装警察部队浙江省总队杭州医院、浙江大学医学院附属第二医院案，浙江省杭州市中级人民法院民事判决书(2013)浙杭民终字第3054号；高某与某人民医院、某血站案，黑龙江省双城市人民法院民事判决书(2012)双商初字第1288号。

判决医院和血液中心承担连带责任,也可据之判决医疗机构“有权”追偿,还可据之反驳医院的免责抗辩,更可据之将血液是否合格作为承担责任的要件之一。但从标本案例数据来看,所占比例并不大,特别是第59条特殊的“连带责任”模式,更多被作为反驳医院不承担责任之主张的依据。笔者认为,第59条给法院判决提供了立法依据,但其对受害人获得赔偿与否影响不大,原因在于,即便没有第59条之明确规定,血液中心因过错将病毒血液提供给医院、医院因过错将含有病毒的血液输入患者身体导致伤害,也是应该负赔偿责任的,第59条加强了医院和血液中心承担责任的依据。至于连带责任,不论第59条是否对其明确,法院依据“共同过错”或医疗机构与血液提供机构的“单独过错”判决二者承担连带责任的比例一直保持相对稳定。

第二章 输血感染病毒侵权责任归责原则

《侵权责任法》第59条对责任主体和责任分担的规定对司法实践未产生很大影响,自然也未引起很大分歧,只是本书认为,认定该条规定的责任分担形式以“连带责任”为宜,不宜冠以“不真正连带责任”之名称。输血感染病毒侵权责任的归责原则不同,它是我国该侵权责任领域争议最大的争点,输血感染病毒侵权责任之争,可以说就是“归责原则之争”。

归责原则是据以确定行为人承担民事侵权责任的理由、标准或决定性的根本要素。“侵权法归责原则是法律责令当事人就自己的侵权行为或者应由自己负责的他人侵权行为、自己管理的物件或者应由自己负责的他人管理物件致人损害承担民事责任的核心依据。”[①]输血感染病毒侵权责任归责原则的分歧,是血液本身的特殊性,以及输血致害是血液与医疗行为“合谋”的结果所致,一般医疗侵权行为的归责原则并无争议。为何我国学术界对此领域归责原则分歧较大?标本案例所显示的司法实践,对输血感染病毒侵权责任的归责原则到底持何种态度?《侵权责任法》的实施是否对其态度和做法产生影响?笔者依据过错责任原则、公平责任

① 徐祖林:《侵权法归责原则的论争及其解析》,载《法律科学》2007年第6期。

原则[①]以及无过错责任原则的分类进行统计，试图发现该领域司法实践对不同归责原则的取向及不同归责原则对原告胜诉率的影响。

第一节　输血感染病毒侵权责任归责原则的数据统计

我国侵权法学界对输血感染病毒侵权责任归责原则的关键争点是：《侵权责任法》第 59 条关于输入不合格血液致害到底是否为无过错责任。对此主要有无过错责任说和过错责任说两种观点。鉴于此，以《侵权责任法》的实施为界限，笔者将标本案例分为该法实施前的案例组和实施后的案例组两组数据进行统计和比较，以期发现数据变化所隐含的意义。

一、《侵权责任法》实施前司法实践中输血感染病毒侵权责任的归责原则

学界通常认为，《侵权责任法》实施前，虽有血液是否属于产品的争论，但血液致害的特殊性以及医疗机构、血液中心的公益性，使输血感染病毒侵权责任归责原则通常依据一般医疗侵权责任的归责原则来追究医疗机构或者血液中心的责任。司法实践是否也持此态度，表 7 对《侵权责任法》实施前的 129 件标本案例进行了统计分析：

---

① 公平责任原则是否为独立的归责原则产生过分歧，目前通说基本认为，公平责任原则并非独立的归责原则，但笔者为了统计和阐述方便，将其作为归责原则的一种，与过错责任原则和无过错责任原则并列。

表7

归责原则	数量和百分比	结果	百分比
过错责任原则	119 (92.2%)	胜诉	83(64.3%)
		败诉	35(27.1%)
		达成协议	1(0.8%)
公平责任原则	7(5.4%)	补偿	7(5.4%)
无过错责任原则	2(1.6%)	胜诉	1(0.8%)
		败诉	0
		补偿	1(0.8%)
未提及归责原则①	1(0.8%)	败诉	1(0.8%)
总计	129(100%)	胜诉	84(65.1%)
		败诉	36(27.9 %)
		补偿	8(6.2%)
		达成协议	1(0.8%)

分析以上数据可以发现:《侵权责任法》实施前,过错责任原则是输血致害责任的主要归责原则,且在适用过错责任原则的案例中,原告的胜诉率②占有相当的比例,为案件总量的65.1%;有一定数量的案例适用公平责任原则,占有5.4%,这种案件中的原告通常获得一定补偿;2件案例采纳无过错责任原则,占1.6%,1件案件的原告胜诉,1件案件的原告获得补偿;1件案例因超过诉讼时效直接驳回,

① 未提及归责原则的案例,全部是因为案件超过诉讼时效直接驳回,还未进入归责原则讨论的阶段。

② 与“败诉”相对。民事诉讼中一方当事人得到有利于自己的判决。如果法院的判决肯定原告的诉讼请求,原告胜诉;如果法院的判决否定原告的诉讼请求,则被告胜诉。

并未进入考察归责原则的阶段,原告败诉。[①]

公平责任原则是否为归责原则,学界仍存争议。[②] 不管公平责任原则是否为归责原则及其性质如何,实际上其判断仍要以当事人是否存在过错为前提。该规则最早见于我国《民法通则》第 132 条:“当事人对造成损害都没有过错的,可以根据实际情况,由当事人分担民事责任。”《侵权责任法》第 24 条再次加以确认:“受害人和行为人对损害的发生都没有过错的,可以根据实际情况,由双方分担损失。”可见,公平责任适用的前提是当事人双方均无“过错”,仍离不开对过错的考察和判定。在当事人均无过错,受害人又需要给予同情时,公平责任原则是我国法院青睐的法宝。

只有 2 件案例采纳无过错责任,占有极少比例,这 2 件案例又存在区别。第一件案例:那某与洛阳轴承集团有限公司总医院、洛阳市中心血站案[③]中,二审法院并未提及医院与血液中心的过错问题,医院因能够证明血液来源于血液中心而不负责任,“中心血站未能提供出《洛阳市血液中心提血凭证》与《交叉配血单》上显示的血瓶号所供血液献血者的健康信息,也未提供证据证明向洛轴医院所供血液符合国家规定标准,故中心血站对那宏应当承担民事赔偿责任”。从法院判决来看,不问过错,仅以符合国家标准为判定血液合格的标准,符合无过错责任的基本特征。第二件案例:龚某与海军 414 医

---

① 《侵权责任法》实施前,其他各省采纳过错责任原则的案件占 93.9%,采纳无过错责任原则的案件占 1.5%;河南省采纳过错责任原则的案件占 90.5%,采纳无过错责任原则的案件占1.6%。二者数据相差不多。

② 对于公平责任的性质,有 3 种观点:公平责任并不是侵权责任法的一项归责原则(参见杨立新著:《侵权责任法》,法律出版社 2010 年版,第 57 页);公平责任为侵权责任法的辅助原则[参见王利明著:《侵权责任法研究》(上卷),中国人民大学出版社 2011 年版,第 278 ~ 279 页];公平责任具有归责原则的内在品格但又不同于归责原则(参见王宗涛:《侵权法上公平责任的适用:立法与司法的比较研究——对〈侵权责任法〉第 24 条之理解》,载《海峡法学》2011 年第 2 期)。关于公平责任性质的深入探讨,参见郭明瑞:《关于公平责任的性质及适用》,载《甘肃社会科学》2012 年第 5 期。

③ 河南省洛阳市中级人民法院民事判决书(2010)洛民终字第 912 号。

院、南京市红十字血液中心案[①]中，二审法院认为，“因科学技术条件产生的漏检，不应该由输血者承担，应由南京血液中心与四一四医院承担，采纳‘无过错责任原则’。”虽然法院自称适用“无过错责任”，但该处无过错责任与侵权法的“无过错责任”存在区别。侵权法中的无过错责任是指不问行为人是否有过错都要承担责任的归责原则，而非在考察行为人无过错后，仍要其承担责任的归责原则。但该“无过错责任”是在确定被告无过错后其仍要承担的责任，与侵权法的无过错责任存在区别，实质仍是公平责任。

以上数据可知，《侵权责任法》实施前，过错责任原则是输血致害责任的主要归责原则，公平责任原则也占有一定的比例，无过错责任占有极少比例。除那某与洛阳轴承集团有限公司总医院、洛阳市中心血站案以血液是否符合国家标准为追究责任依据，无论过错责任原则、公平责任原则抑或无过错责任原则，均以过错的判定为基础，都离不开对医疗机构和血液中心是否有过错的判定。从原告胜诉率来看，以过错责任原则为主要归责原则的输血致害纠纷，其原告总胜诉率为 65.1%，超过半数，这在民事诉讼中是相当可观的数据。与依据公平责任原则获得补偿和调解获得补偿相比较，原告胜诉意味着受害人可据此获得“后续治疗费用”的赔偿，而这在输血感染病毒侵权责任中至关重要，因为无论是感染丙肝病毒还是感染艾滋病病毒绝大多数患者至死也无法治愈。

二、《侵权责任法》实施后司法实践中输血感染病毒侵权责任的归责原则

《侵权责任法》第 59 条明确将血液纳入规制范畴，且与药品、消毒药剂、医疗器械致害适用相同规则，学者“输血致害责任适用无过错责任原

---

① 南京市中级人民法院。该案在北大法意中国案例数据库中并无民事判决书编号，该案判决书在北大法意的网址为：http://www.lawyee.org/Case/Case_Display.asp?ChannelID=2010100&RID=16173&keyword=南京市红十字血液中心+。

则”的观点即来源于此。《侵权责任法》实施后，输血感染病毒侵权责任领域司法实践适用的归责原则有无变化，原告胜诉率有无变化，表 8 对《侵权责任法》实施后的 95 个标本案例的数据进行了统计分析：

表 8

归责原则	数量和百分比	结果	百分比
过错责任原则	77(81%)	胜诉	55(57.9%)
		败诉	22(23.1%)
公平责任原则	9(9.5%)	补偿	9(9.5%)
无过错责任原则	4(4.2%)	胜诉	4(4.2%)
		败诉	0
		补偿	0
未提及归责原则	5(5.3%)	败诉	5(5.3%)
总计	95(100%)	胜诉	59(62.1%)
		败诉	27(28.4 %)
		补偿	9(9.5%)

分析以上数据可以发现：《侵权责任法》实施后，标本案例中有 77 件案例适用过错责任原则，占案件总数的 81%，原告胜诉率占案件总数的 57.9%；标本案例中有 9 件案例适用公平责任原则，占案件总数的9.5%，原告均得到了一定的补偿；标本案例中有 4 件案例采纳无过错责任原则，原告胜诉率占案件总数的 4.2%。5 件案例因超过诉讼时效，占案件总数的 5.3% 并未进入考察归责原则的阶段，法院直接驳回原告起诉。①

① 《侵权责任法》实施后，其他各省采纳过错责任原则的案件占 77.8%，采纳无过错责任原则的案件占 5.6%；河南省采纳过错责任原则的案件占 85.4%，采纳无过错责任原则的案件占2.4%。相比较《侵权责任法》实施前，二者采纳过错责任原则的比例都有所下降，采纳无过错责任原则的比例都有所上升，不同在于，《侵权责任法》实施后，其他各省采纳无过错责任原则的比例上升较大，河南省则并无明显上升。

以上数据可知,《侵权责任法》实施后,过错责任原则仍是输血致害责任的主要归责原则,公平责任原则仍占有一定的比例,无过错责任占有较小比例,但比之前有略微上升。与《侵权责任法》实施前相同,采纳过错责任原则与公平责任原则的标本案例,都以当事人是否有过错为判定的前提。适用无过错责任的案例则有分化:高某案法院明确第 59 条为无过错责任;郅某与宝丰县人民医院案①和李某与岳阳市云溪区人民医院案②以血液是否合格作为苛责依据;刘某与中国人民解放军第一六一医院案③法院以"是否存在因果关系"为唯一判断依据,且认定"血液"为产品,诉讼时效为 2 年,虽然该案输血和损害发生距离 19 年,但被告并未提出"产品"责任最长诉讼时效为 10 年的抗辩。

从原告胜诉率来看,仍以过错责任原则为主要归责原则的输血致害纠纷,原告总胜诉率为 62.1%,为绝对半数,这在民事诉讼中同样是较为可观的数据。同样,这些胜诉受害人都有机会据此获得"后续治疗费用"的赔偿。

三、《侵权责任法》实施前后统计数据的比较分析

与《侵权责任法》实施前的数据相比较,《侵权责任法》实施后,输血致害责任领域归责原则中,适用过错责任原则的比例有所变化,由原来的 92.2% 下降至 81%;公平责任的比例有小幅上升,由原来的 5.4% 上升至 9.5%;无过错责任由原来的 1.6% 上升为 4.2%。原告胜诉率由实施前的 65.1% 下降至62.1%。采纳无过错责任的比例在绝对数据上有略微提升,其对原告胜诉率是否有实质性影响?综观各种归责原则中原告胜诉率的前后变化,过错责任原则的原告胜诉率由原来的 64.3% 下降至 57.9%,有 6.4% 的下降;无过错责

① 河南省平顶山市宝丰县人民法院民事判决书(2013)宝民初字第 1292 号。

② 湖南省岳阳市中级人民法院民事判决书(2015)岳中民三终字第 136 号。

③ 湖北省武汉市江岸区人民法院民事判决书(2015)鄂江岸民初字第 00010 号。

任原则的原告胜诉率由原来的0.8%提升至4.2%,有3.4%的提升。尽管适用无过错责任原则的案件胜诉率高些,基于其适用比例之小,仅从归责原则来考察,过错责任原则和无过错责任原则对原告胜诉率的变化影响不大。

“无过错责任原则是指在法律有特别规定的情况下,以已经发生的损害结果为价值判断标准,与该损害结果有因果关系的行为人,不问其有无过错,都要承担侵权赔偿责任的归责原则。”①我国《侵权责任法》第7条也明确无过错责任是“不问过错”,②而非双方当事人都无过错后责任的判定和分担。《侵权责任法》实施前的1件采纳“无过错责任原则”的案例即不属于产品责任意义上的无过错责任。

实施后的4个采纳无过错责任原则的案例中,高某与双城市人民医院、双城市血站案③法院明确,“《侵权责任法》直接以条文的形式确立因输入不合格血液导致的医疗损害赔偿适用无过错责任原则”,但在判定血液是否合格时仍以血液中心、医疗机构的行为为考察依据;李某与岳阳市云溪区人民医院案④中,医院不能提供有力证据证明为原告提供的血液是合格产品,又无法找到献血人,故承担责任;郅某与宝丰县人民医院案⑤法院认为,宝丰县医院现未提供充分有效的证据用以证明其为郅某所输血液为合格血液,故郅某依法有权选择起诉血液提供机构或医疗机构进行赔偿。后2件案例依据第59条确定血液是否合格,未明确输血致害无过错责任。刘某与中国人民解放军第一六一医院案法院则因医院无法证明免责事由推定因果关系而苛责。4个案例的共同点是法院将血液是否合格的举证责

① 杨立新著:《侵权法论》,人民法院出版社2013年版,第191页。

② 《侵权责任法》第7条规定:行为人损害他人民事权益,不论行为人有无过错,法律规定应当承担侵权责任的,依照其规定。

③ 黑龙江省双城市人民法院民事判决书(2012)双商初字第1288号,黑龙江省哈尔滨市中级人民法院民事判决书(2014)哈民二民终字第918号。

④ 湖南省岳阳市中级人民法院民事判决书(2015)岳中民三终字第136号。

⑤ 河南省平顶山市宝丰县人民法院民事判决书(2013)宝民初字第1292号。

任强加于医疗机构和血液中心,这在很大程度上是影响原告胜诉率的关键因素。

实证数据得出的结论是:无论是《侵权责任法》实施前还是实施后,过错责任原则都是输血致害责任的主要归责原则。该结论与《侵权责任法》第59条的规定,到底是一致还是相左?到底是无过错责任说还是过错责任说更有利于受害人获赔?

第二节 《侵权责任法》第59条输血感染病毒侵权责任归责原则之分歧

上文司法实践统计数据说明,即使《侵权责任法》实施后,过错责任原则仍是输血感染病毒侵权责任的主要归责原则。而无过错责任说和过错责任说分歧之焦点何在?两种学说的理论依据何在?导致观点分歧的第59条关于输入不合格血液的规定到底是否是无过错责任?

一、《侵权责任法》第59条之前输血感染病毒侵权责任归责原则的统一性

《侵权责任法》实施前,学界和实务界对输血感染病毒侵权责任的归责原则争议都不大,有些省高院甚至对输血感染丙肝这一典型领域的归责原则明确作出指示,如江苏省高级人民法院在《2001年全省民事审判工作座谈会纪要》[①]中提出:“输血感染丙肝案件实行过错责任归责原则。血站或医疗机构未尽法定义务,对患者的健康造成损害的,应由过错方承担赔偿责任;均有过错的,明确各自过错

① 苏高法〔2001〕319号,2001年10月18日江苏省高级人民法院审判委员会第65次会议讨论通过。

的程度及应赔偿的份额,并判决双方连带承担赔偿责任。血站和医疗机构均履行了法定义务,对患者的健康受到损害没有过错的,血站、医疗机构应当给予患者一定的经济补偿。”该纪要明确了输血致害责任的一般归责原则为过错责任原则,特殊情况下适用公平责任原则,还贯穿适用了比较过错责任。这一规定对江苏省各级法院判决输血致害案件发挥了指导作用,也代表了江苏省主流法院对输血致害责任归责原则的观点,标本案例所涉江苏省的案例数据分析也印证了这一点。

为何《侵权责任法》之前,输血感染病毒侵权责任的过错责任就无分歧？在我国产品责任领域,法律界对于血液是否属于产品的讨论最早可见于1998年,但输血感染病毒侵权责任纠纷的案由是医疗侵权责任,适用一般过错责任,医学界对过错责任并无意见,2002年的《医疗事故处理条例》第33条第4项规定的“无过错输血感染造成不良后果的”不属于医疗事故,是过错责任原则在输血感染病毒致害领域的集中体现。但《医疗事故处理条例》刚颁布不久,社会上不满之声四起,[①]随后适用的几年,社会上的不满情绪有增无减,这为《侵权责任法》第59条埋下了伏笔,也是导致输入不合格血液归责原则之争的重要原因。

二、《侵权责任法》第59条输血感染病毒侵权责任归责原则的分歧

《侵权责任法》第59条“受害人选择责任主体”之模式的规定,导致学者的不同理解,包括坚持文义主义的无过错责任说和坚持实

---

① 法律界在《医疗事故处理条例》通过后即提出了不同意见。如蒋德海提出了《医疗事故处理条例》的四大不足和法治错位(参见蒋德海:《关于〈医疗事故处理条例〉的实践思考》,载《法律适用》2002年第11期);乔世明提出对《医疗事故处理条例》的完善措施,如医患纠纷应实行“双盲”式鉴定,缩小行政处罚的范畴,放弃对医疗事故的民事规范等(参见乔世明:《论〈医疗事故处理条例〉之完善》,载《法律适用》2004年第1期)。杨立新指出,《医疗事故处理条例》对患者的权利没有相应的具体保障措施,本身存在不协调之处,赔偿标准仍然过低等不足。

质性解释的过错责任说。

(一)无过错责任

针对该条文,王利明教授认为:"该条明确了血液属于产品的范畴,医疗机构应当对输入不合格的血液导致的损害承担产品责任。"[①]杨立新教授也持有该观点。[②] 有其他学者针对条文本身也得出相同的结论,[③]还有学者认为是"将医疗产品责任准用于输入不合格血液致害的情形"。[④]

此种观点的主要考虑是该条文与《产品质量法》第43条、《侵权责任法》第43条在语言和责任分配上的实质性相似,且从文义来看,没有理由不认定其为无过错责任。[⑤] 其支撑理由主要是为了受害人获赔的需要,提高医疗机构与血液中心承担责任的可能性。"假如血液不是产品,因血液不合格不承担产品责任,就可能放任供血站、医院提供劣质血液导致病人遭受严重损害。"[⑥]其出发点是保护受害人利益。

---

① 王利明著:《侵权责任法研究》(下卷),中国人民大学出版社2011年版,第411页。

② 参见杨立新、杨震:《有关产品责任案例的中国法适用》,载《北方法学》2013年第5期。

③ 如侯国跃认为"我国《侵权责任法》第59条就血液致害和医疗产品致害规定相同的归责规则",参见侯国跃:《输血感染损害责任的归责原则和求偿机制》,载《社会科学》2014年第2期。

④ 杨立新:《医疗产品损害责任的法律适用规则及缺陷克服——"齐二药"案的在思考及〈侵权责任法〉第59条的解释论》,载《政治与法律》2012年第9期;王竹:《论医疗产品责任规则及其准用——以〈中华人民共和国侵权责任法〉第59条为中心》,载《法商研究》2013年第3期。

⑤ 2015年4月25~26日,在上海财经大学法学院举办的"第三届比较民商法与判例研究两岸学术研讨会"上,笔者就输血感染病毒侵权责任的归责原则问题撰写了论文并发言,评议人曹险峰教授认为:"第59条的文义就是指明'无过错责任',这无任何争议。"

⑥ 高圣平主编:《中华人民共和国侵权责任法立足争点、立法例及经典案例》,北京大学出版社2010年版,第495页。

(二)过错责任

梁慧星教授则提出:"《侵权责任法》第 59 条增设受害患者'向医疗机构请求赔偿'的规定,目的在于方便受害患者行使求偿权,并未改变缺陷产品损害和输血感染损害两类侵权案件的归责原则和最终的侵权责任承担者。对于缺陷医疗产品损害案件,由生产者承担无过错责任,销售者承担过错责任;对于输血感染案件,由血液提供者承担过错责任。"①赵西巨教授也认为:"我国法并没有在血液提供领域肯定无过错责任的适用。就血液提供机构的责任而言,它是建立在考察血液提供机构是否违反注意义务之上的过错责任。"②此种观点的依据是,将输血致害纳入《侵权责任法》第 59 条主要是为受害人求偿的便利性,并非真正将其纳入严格产品责任的范畴。

必须指出的是,除了无过错责任和过错责任,还有学者提出第三条路径:"使血液提供者及医院免除无过错输血责任,更具有法理和政策上的正当性,但从促进血液操作规程规范及受害人救济角度考虑,过错推定原则无疑是更为折衷、全面的选择。""将血液的损害与医疗产品责任一样,全部适用无过错责任,结论过于武断,未能从条文中解读出妥善的解释结论。"③过错推定责任原则在《侵权责任法》诸多条文中都有适用,我国专门对其的学术研究最早见于王卫国的《试论民事责任的过错推定》一文,"它是民事审判中运用过错责任原则(简称过错原则)确定民事责任的一项基本制度或方法"。④ 但该文并未指出过错推定为独立的归责原则。王利明教授发表于

① 梁慧星:《论〈侵权责任法〉中的医疗损害责任》,载《法商研究》2010 年第 6 期。

② 赵西巨:《再访我国〈侵权责任法〉第 59 条:情景化、类型化与限缩性适用》,载《现代法学》2014 年第 2 期。

③ 杨立新、岳业鹏:《医疗产品损害责任的法律适用规则及缺陷克服——"齐二药"案的再思考及〈侵权责任法〉第 59 条的解释》,载《政治与法律》2012 年第 9 期。需要说明的是,笔者经与杨立新教授确认,该文主要代表岳业鹏观点,杨教授仍然坚持"无过错责任说"。

④ 王卫国:《试论民事责任的过错推定》,载《法学研究》1982 年第 5 期。

1991 年的《论过错推定》一文指出,“过错推定责任完全可以成为一项独立的归责原则。根据在于其不仅仅适用于某一类侵权行为,可适用于多种特殊的侵权行为。过错推定在功能上兼容了传统的过错责任和无过错责任的功能特点,事实上是介于过错责任和无过错责任之间的中间责任;可以使我国民法规定的各类特殊侵权行为责任系统化等”。[①] 之后,对于过错推定责任是否为独立归责原则的问题一直存有争议。[②] 但“包括德国、法国以及英美法系国家在内的大多数国家都是在一般过失责任的框架内,将过失推定设定为通过举证责任倒置而就特定侵权形态所采取的有限保护受害人的证据法规则”。[③] 本书未将过错推定责任作为独立归责原则,一方面是因为其作为法律技术的典型性,另一方面也主要考虑输血感染病毒侵权责任案件多数集中于医疗机构有义务举证因果关系和过错,若其不能证明,再推定其有因果关系和过错,在判定过错过程中,《侵权责任法》第 58 条的过错推定只是其中的小部分,与过错责任原则的判断交织在一起,无法单独梳理。故本书未将推定过错责任单独列出来,是技术上的考虑,不涉及其是否独立为归责原则的争论。

(三)本书观点

笔者赞同“过错责任说”:即使《侵权责任法》第 59 条血液致害与药品、消毒药剂、医疗器械致害适用同一追偿规则,也不能说明输血致害即采纳无过错责任。坚持过错责任说之依据,并非第 59 条的文义理解,而是基于对该条的实质性解释。简言之,“不合格血液”与“缺陷药品、消毒药剂、医疗器械”存有本质区别;将输血致害纳入第 59 条的初衷是方便患者求偿及医疗机构与血液中心的责任分配和单向追偿。全国人大法工委对该条文解释道:“实践中发生的输

---

① 王利明:《论过错推定》,载《政法论坛》1991 年第 5 期。

② 如胡安潮[《对过错推定责任的再认识》,载《北京理工大学学报》(社会科学版),2008 年第 8 期]和陈红梅、王寨华(《论过错推定原则在我国侵权责任体系中的地位》,载《南京财经大学学报》2004 年第 4 期)都认为过错推定责任应为独立的归责原则。

③ 朱岩著:《侵权责任法通论》,法律出版社 2011 年版,第 300 页。

血感染或者导致其他损害的案例，大多是因为血站或者医疗机构在血液采集或者临床用血过程中未按照有关法律、法规和规范的要求操作造成的。"[①]直接引用该条文的多数法院判决也印证了这一点。下文将对无过错责任说和过错责任说进行更深入的分析，指出其优劣，并阐明第59条关于输入不合格血液的规定究竟该做何解释。

第三节　输血感染病毒侵权责任无过错责任是否有优势：对无过错责任说的回应

学者对《侵权责任法》第59条输血致害责任归责原则的解读，观点截然相反。持产品责任无过错责任说的学者认为，第59条的无过错责任是受害人的福音，因为不问侵权人是否有过错的无过错责任，终归比证明侵权人有过错才能得到救济的过错责任有优势。输血感染病毒侵权责任无过错责任是否真的是受害人的福音？

在侵权法的发展过程中，过错理论曾被认为是社会的进步，它"确立个人自由的界限，使个人得以预见责任产生的可能性，从而进行自我约束和控制，既保障本人自由，也保障他人自由"。[②] 它也是"为了平衡社会利益，并最终确保所涉及到的各种社会利益的平衡发展，避免某种社会利益的实现以损害其他社会利益作为代价"。[③]从社会和法律历史发展来看，过错责任是一种具有生命力的责任基础，其在侵权领域仍发挥主导作用，是侵权责任的一般归责原则，而无过错责任（严格责任）经过百年发展也只不过在为数较少的特殊

① 全国人大常委会法制工作委员会民法室编：《〈中华人民共和国侵权责任法〉条文说明、立法理由及相关规定》，北京大学出版社2010年版，第239页。

② 董春华著：《中美产品缺陷法律制度比较研究》，法律出版社2010年版，第151页。

③ 张民安著：《过错侵权责任制度研究》，中国政法大学出版社2002年版，第19页。

领域占有一席之地,无过错责任在与过错责任的长期较量中失败了,只能退居一隅。与输血感染病毒侵权责任过错责任相比较,输血感染病毒侵权责任无过错责任,究竟在多大程度上有利于受害人获得救济?

一、关于举证规则

长期以来,我国产品侵权责任领域一直坚持适用《民事诉讼法》"谁主张,谁举证"的一般举证规则,尽管早在1988年就有学者倡导在此领域适用举证责任倒置,[①]但并未有改观。司法实践和理论通说都认为产品侵权责任中受害人的举证责任包括:产品存在缺陷、人身财产受到损害、二者存在因果关系。2002年实施的最高人民法院《证据规定》第4条第6项规定:"因缺陷产品致人损害的侵权诉讼,由产品的生产者就法律规定的免责事由承担举证责任。"有学者认为,此规定为产品责任的举证责任倒置。[②] 笔者认为,此项规定并非产品责任举证责任倒置,生产者的免责事由由其自行证明是理所当然,受害人没有证明被告免除责任的义务,此项规定纯属画蛇添足。

将输入不合格血液致害适用于未采纳特殊举证规则的产品侵权责任,受害人的证明义务即"输入的血液不合格,医疗机构输入的血液造成了损害,血液不合格与患者的损害之间存在因果关系。"[③]即使《侵权责任法》第59条用"不合格血液"代替了"缺陷血液",受害人证明血液不合格也并非易事。更加难以证明的是不合格血液与感染病毒之间存在因果关系。从标本案例来看,90%以上案例的因果关系是依据医疗鉴定来确定的,即便如此,在确定输血与感染病毒的因果关系中,绝大多数司法鉴定的结论是"既不能排除输血感染病

---

① 参见江伟、宗琴娟:《关于产品责任诉讼中的举证责任》,载《中国法学》1988年第5期。

② 参见汤维建:《论民事诉讼中的举证责任倒置》,载《法律适用》2002年第6期。

③ 王利明著:《侵权责任法研究》(下卷),中国人民大学出版社2011年版,第416页。

毒的因果关系也不能确定其因果关系”，标本案例中因果关系的确定基本都是依据因果关系的推定，在未采纳推定因果关系的案例中，原告基本都因不能证明因果关系而败诉。

若将输血感染病毒侵权责任定性为一般医疗侵权责任，尽管归责原则适用过错责任，《侵权责任法》也大大弱化了举证责任倒置规则的影响，但《侵权责任法》实施后的司法实践仍大胆采纳举证责任倒置规则，原告的举证责任大大减轻，其对原告胜诉率的影响远远大于归责原则对原告胜诉率的影响，归责原则在输血致害领域的苛责中并未发挥关键作用。

二、关于抗辩事由

我国产品侵权责任抗辩事由规定于《产品质量法》第 41 条第 2 款。[①]《侵权责任法》未规定产品责任抗辩事由，“依据《侵权责任法》第 5 条的规定，生产者可以援引《产品质量法》第 41 条规定主张免责”。[②] 依据第 3 项抗辩事由，将血液投入流通时的科学技术水平尚不能发现其缺陷的，生产者可不承担责任。这被称为“发展风险抗辩”，英美法系称为“工艺水平抗辩”。224 个标本案例中，41 件案例涉及发展风险抗辩，分为两种情形：第一，窗口期导致无法发现病毒而致害。“窗口期”是指人体感染病毒后到外周血液中能够检测出病毒抗体的这段时间，窗口期内即使进行病毒抗体检测也无法检出，有 7 件案例涉及该情况。第二，1993 年 7 月 1 日开始实施卫生部颁布的《采供血机构和血液管理办法》，要求采血时对丙肝病毒抗体进行检测，这使之前的输血感染丙肝病毒的案例涉及发展风险抗辩，有 34 件案例涉及该情况。从标本案例数据统计来看，41 件案例

---

① 《产品质量法》第 41 条第 2 款规定：生产者能够证明有下列情形之一的，不承担赔偿责任：(1)未将产品投入流通的；(2)产品投入流通时，引起损害的缺陷尚不存在的；(3)将产品投入流通时的科学技术水平尚不能发现缺陷的存在的。

② 张新宝、任鸿雁：《我国产品责任制度：守成与创新》，载《北方法学》2012 年第 3 期。

中，有27件认可发展风险抗辩，法院据此认定医疗机构或血液中心不存在过错，占65.9%，其中17件案例的原告败诉，10件案例的原告依据公平责任获得补偿；有14件不认可发展风险抗辩，原告胜诉，占34.1%。[①] 可见，相比较其他产品责任案件和其他医疗侵权责任案件，一方面，发展风险抗辩在输血感染病毒致害的司法实践中具有较大的适用空间；另一方面，发展风险抗辩的适用却阻碍了受害人的救济，发展风险抗辩的采纳率越高，原告的胜诉率越低，而是否认可发展风险抗辩与归责原则并无关联。

王利明教授却认为，"根据《侵权责任法》第59条的规定，即便在现有科学技术的条件下，医疗机构无法检测出血液是否合格，但只要造成了损害后果，医疗机构仍然要承担责任，这实际上是在输血感染的情况下否定了发展风险抗辩"。[②] 杨立新教授也提出："根据《侵权责任法》第59条的规定，在血液不合格的情况下，只要造成患者损害，医疗机构就应当承担责任，而不能以发展风险（依据现有科学技术不能发现和避免的缺陷）作为抗辩事由。"[③]笔者认为，第59条并不能表明其是对发展风险抗辩的否认，该条文模式来源于《产品质量法》《侵权责任法》第43条。即便是第43条，其用意主要在于方便消费者救济，并规定生产者与销售者的责任分配，并不能否认《产品质量法》第41条生产者的3项抗辩事由的适用。《侵权责任法》第59条既然是产品责任在医疗领域的特殊化，其同样不能否认《产品质量法》3项抗辩事由的适用。前述观点只承认第59条是产品责任，却否认产品责任抗辩事由的规定显然不妥，其只想利用产品

---

① 本书第四章将详述"发展风险抗辩"，此处为了论证"无过错责任是否更有利于受害人"，对该抗辩简单加以陈述，更详细的统计数据请见第四章"输血感染病毒侵权责任发展风险抗辩"。

② 王利明著：《侵权责任法研究》（下卷），中国人民大学出版社2011年版，第413页。

③ 杨立新、杨震：《有关产品责任案例的中国法适用》，载《北方法学》2013年第5期。

责任的无过错责任，却不认可产品责任其他相关规则，特别是抗辩事由，这势必会打破产品责任原本的平衡，长远来看不利于产品安全的提高和消费者利益的保护。

因此，若输血致害采产品责任意义的无过错责任，则意味着必然采纳产品责任中的发展风险抗辩，而这对窗口期导致的无过错输血致害纠纷的解决有害无利，更不利于受害人获赔。

三、关于诉讼时效

诉讼时效是权利人请求人民法院以强制程序保护其合法权益而提起诉讼的法定有效期限。我国《民法通则》第 135 条规定："向人民法院请求保护民事权利的诉讼时效期限为二年，法律另有规定的除外。"第 137 条同时规定："从权利被侵害之日起超过二十年的，人民法院不予保护。"①《产品质量法》第 45 条第 2 款规定："因产品存在缺陷造成损害要求赔偿的请求权，在造成损害的缺陷产品交付最初消费者满十年丧失；但是，尚未超过明示的安全使用期的除外。"可见，我国产品侵权责任赔偿请求权丧失的最长期间是 10 年，一般民事侵权最长保护期限为 20 年。据此，若不合格血液致害适用产品侵权责任，则应适用 10 年最长保护期限，即受害人输血（产品交付）满 10 年后丧失赔偿请求权。而 10 年最长保护期限应用于不合格血液致害，对受害人救济是致命的打击。

标本案例显示，与其他侵权责任相比较，输血致害责任的最大特点是所感染病毒潜伏期限长，通常是输血几年甚至 20 年损害才开始

---

① 关于该条规定，学者解释不一，有学者认为它是关于最长诉讼时效的规定，有学者认为它是关于除斥期间的规定，还有学者认为它是关于权利的最长保护期限的规定。笔者认为，学者的"该期限无非是为克服诉讼时效制度在实现维护社会关系的稳定性这一目的方面存在的不足，而作出的既不同于诉讼时效又不同于除斥期间的特殊的期间制度，将其理解为权利的最长保护期限应是妥切的"。这一观点比较中肯，参见刘贵祥：《诉讼时效若干理论与实务问题研究》，载《法律适用》2004 年第 2 期。

显现，这就涉及诉讼时效的问题。在224个标本案例中，[①]发现损害距离输血时间超过10年的有131件，占58.5%，其中11件超过20年，占4.9%。而《侵权责任法》实施前和实施后也存在区别，实施前超过10年诉讼时效的案件比例低于实施后的比例，但这主要是因为时间越往后输血距离发现丙肝时间越长。超过10年期间的输血感染病毒案件在不同阶段的比例请见表9：

表9

时间	案件数量和百分比	超过10年诉讼时效的案件数量	超过20年诉讼时效的案件数量
2002年及以前	23(10.3%)	0	0
2002~2010	106(47.3%)	64(28.6%)	3(1.3%)
2010~至今	95(42.4%)	67(29.9%)	8(3.6%)
总计	224(100%)	131(58.5%)	11(4.9%)

在超过10年诉讼时效的58.5%的案例中，并无法院基于其超过10年诉讼时效而驳回原告诉讼请求，即便是超过20年诉讼时效的4.9%的案例中，也有法院并不认定其超过诉讼时效，如叶某与医专一附院案[②]法院指出，“原告90年因心脏手术在被告处输血，直到2013年才发现并确诊其感染丙肝，因此，其诉讼时效应从2013年2月起算”。

有案件被告提出适用产品责任诉讼时效的问题，对此，林某与太原市第三人民医院案[③]法院指出：“本案为医疗损害责任之诉，诉讼时效按照我国《民法通则》的规定为一年，诉讼时效期间从知道或者应当知道权利被侵害时起计算。2013年1月25日原告调取病历时

① 其中23件案例原告的损害发生于2002年及以前，全部不超过10年诉讼时效。

② 叶某与医专一附院案，河南省南阳市卧龙区人民法院民事判决书(2013)宛龙民一初字第620号。

③ 林某与太原市第三人民医院案，山西省太原市中级人民法院民事判决书(2014)并民终字第392号。

被告称自然毁损,诉讼时效应当从2013年1月25日起算,至原告起诉时未超过一年,原告1993年10月5日从被告处出院,从出院时起至原告起诉时也未超过《民法通则》规定的20年的最长诉讼时效期间,因此本案未超过诉讼时效。被告辩称应当适用《产品质量法》中最长保护期10年的规定,本案并非产品质量责任之诉,不应当适用产品质量法的该项规定,对被告的辩称意见不予采信。"

笔者认为,在输血感染病毒侵权责任中,诉讼时效是影响受害人获赔的重要因素。若采纳产品责任的规则,在除了3.1%①的案件直接因诉讼时效被驳回的基础上,又有57.6%②的案件因超过10年长时诉讼时效被直接驳回,即224个标本案例就会有60.7%的案例因此被直接驳回,受害人获赔可能性直接降低超过半数,案件还未进入实质规则的判断,原告就失去了胜诉的可能。因此,产品侵权责任10年的特殊最长诉讼时效,恰恰是导致输血致害原告败诉的致命点。

各国对产品责任10年长时诉讼时效的规定是一致的。美国Spence v. Miles Laboratories, Inc. 案③中,田纳西州联邦初审法院裁决血液是"产品",产品责任的要求是"诉讼必须在从产品第一次被购买或消费的十年内提起",考虑到原告提起诉讼时已经被感染13年,法院驳回了诉讼。在欧洲,《欧盟产品责任指令》规定了10年最长诉讼时效期间。依据《产品责任指令》10年的最长诉讼时效,"2001年感染一直潜伏至2012年才显示,10年长时诉讼时效会阻止依据欧洲严格责任基础的所有诉讼"。④"和以色列一样,缺陷商品

---

① 7个因诉讼时效被驳回的案例中,有4个因为超过20年诉讼时效被驳回,有3个是因为受害人从知道损害之日起超过短期诉讼时效被驳回。

② 在3个因短期诉讼时效被驳回的案例中,一个不超过10年期间,2个超过10年期间。故超过10年期间未被直接驳回的案例就剩下129件,比例为57.6%。

③ Spence v. Miles Laboratories, Inc., 37 F. 3d 1185 (6th Cir. 1994).

④ 威廉·范·博姆:《欧洲法域报告》,载杨立新主编:《世界侵权法学会报告:产品责任》,人民法院出版社2015年版,第266页。

诉讼必须在诉讼涉及的商品由生产者提供后10年内提起。”“输血是在2001年进行的，因而血液制品至晚是在2001年制造的。在《缺陷产品责任法》下不能在2011年后提起诉讼。”[①]产品责任10年诉讼时效期间几乎是世界各国侵权法中的通识，而这是笔者认为在输血感染病毒侵权责任领域不能适用严格产品责任的重要理由。

总之，将输血致害责任纳入产品侵权责任范畴，意味着其在归责原则、举证规则、抗辩事由、诉讼时效等方面都要采纳产品侵权责任相关规则。而以上分析显示，输血感染病毒侵权责任采纳产品侵权责任举证规则、抗辩事由、诉讼时效等相关规则，更不利于受害人获得赔偿。相反，目前司法实践采纳的过错责任原则及其特殊的举证规则等配套制度，是影响原告胜诉率的关键因素，[②]笔者认为，这是司法实践坚持采纳过错责任原则的重要原因。产品责任之无过错责任的明显劣势，以及无过错责任之下对“血液是否合格”的判定，仍回归至对被告行为的考察，使无过错责任说支持者所推崇的“无过错责任”徒有虚名。故将《侵权责任法》第59条不合格血液致害定位为过错责任原则最为合适。

第四节 《侵权责任法》第59条输血感染病毒侵权责任为过错责任的依据：对过错责任说的回应

前文的数据统计和理论分析说明，产品责任的无过错责任对输血感染病毒的受害人并非福音，其10年最长时效期间反而是很大部

---

① 罗恩·佩里：《世界其他地区法域报告》，载杨立新主编：《世界侵权法学会报告：产品责任》，人民法院出版社2015年版，第355页。

② 参见董春华：《输血致害责任举证规则实证研究》，载《法学论坛》2015年第5期。

分受害人直接被驳回诉讼请求的重要依据；法院一直坚持过错责任原则，仅有个别案例将输入不合格血液致害的性质认定为产品责任，绝大多数案例的案由都是医疗侵权责任，甚至有法院明确输血感染病毒纠纷属于医疗损害纠纷，适用过错责任，如郭某与山西省妇幼保健院案，[①]陈某与郑州市第三人民医院、河南省红十字血液中心案。[②]故下文将分析过错责任适用于输血感染病毒致害的合理性及理由。

一、血液和输血的特殊性

血液是流动在人的血管和心脏中的一种红色不透明的黏稠液体，由血浆、血细胞和遗传物质（染色体和基因）组成。“世界上现在尚未有课题组做出完全替代体内血液的人造全血，一般只是成分血，比如只是补充血液中的血小板或者血红细胞等。”[③]且“人造血”高昂的价格也无法让其推广开来。故我们至今还无法“制造”人体中的全血，这是事实。

比较法上对血液是否属于产品也是规定不一。1985 年的《欧盟产品责任指令》将产品定义为“所有动产”，英国 1987 年《消费者保护法》将产品定义为“任何产品或者电力”，英国的 A v. National Blood Authority 案[④]承认，血液可为《欧盟产品责任指令》和《消费者保护法》所涵盖，其他欧洲法域也持类似观点。[⑤] 而美国 1998 年的

---

① 山西省太原市中级人民法院民事判决书（2015）并民终字第 265 号。

② 河南省郑州市管城回族区人民法院民事判决书（2014）管民初字第 2229 号。

③ 袁一雪：《人造血：应对血荒的“终极”答案》，载科学网新闻版：http://news.sciencenet.cn/htmlnews/2015/7/3230，最后访问日期：2016 年 5 月 28 日。

④ A v. National Blood Authority, [2001] 3 All ER 289 (QBD).

⑤ 《法国民法典》第 16 - 1 条和第 1386 - 12 条与血液有关。表面上看，二者存在矛盾。但前一条文目的不是阻止利用人体组织制造药品，而是防止人们出卖自己的身体器官。结果是人体组织如血液一旦被产出，可以被获得的主体出卖，或者加进另一产品出卖。后一条文主要因输血感染病毒丑闻而产生，防止将受污染的血液提供给医院的公司依据发展风险抗辩而免责。See Jean-Sebastien Borghetti, “The development of product liability in France”, in *The Development of Product Liability*, S. Whittaker (dir.), Cambridge University Press, 2010, pp. 93 - 113.

《侵权法重述第三版:产品责任》认定,即使人类血液是通过商业的方式提供的,也不适用该重述的规则(指严格产品责任)。

因输入全血导致伤害的严重性和复杂性,我国学者对于血液的性质也进行过争论,焦点是其是否属于《产品质量法》规定的“产品”,进而是否适用产品责任相关规则。肯定说认为,血液属于产品,其致害责任适用产品责任相关规则。主要理由在于:“血液是一种特殊的产品,其在与人体分离之前,属于人体的组成部分,但是在与人体分离之后,则要经过一定的加工,并出售给患者。血液采集机构将血液收集之后,也要进行加工处理,并作为商品出售给医疗机构,最后由医疗机构出售给患者使用,这一过程和一般的产品流通过程并无区别。”[①]“正是由于血站的‘劳动’生产了可供临床输注的血液,使实现血液的医疗价值成为可能。”[②]否定说认为,血液不属于产品,其致害责任不适用产品责任相关规则,适用一般医疗侵权责任规则。主要理由在于:“血液是人体的重要组成部分,属于具有人格性的物,不能将血液归入产品的范畴。”[③]笔者认为,对于绝大多数参与争论的学者来说,血液是否是“产品”并不重要,重要的是如何符合他们预设的先入为主的价值判断,血液是否属于“产品”之争不过是价值判断争论的载体。

血液的特殊性是法院愿意适用过错的重要原因,它不是制造出来的“物”,它与人的生命价值伦理密切相关。血液能够挽救人的生命,对公共健康和安全是必需的。这是美国基于公共政策的考虑,由过错责任来调整输血感染病毒损害责任的重要依据。现实中,我们经常看到血库告急新闻,血液无法满足正常临床需求,严重影响患者

---

① 王利明著:《侵权责任法研究》(下卷),中国人民大学2011年版,第414页。

② 刘李栋:《浅谈血站在无过错输血感染中的法律责任及其补偿机制》,载《中国输血杂志》2011年第4期。

③ 王逸寒、卢文道:《输血感染丙肝赔偿纠纷案中的疑难法律问题探析》,载梁慧星主编:《民商法论丛》(第14卷),法律出版社1999年版。

的抢救和治疗，有时候预定的手术因为血液不足甚至被取消。[①]

输血是将血液通过静脉输注给患者的一种治疗方法。输血是很多手术、创伤、血液疾病不得不使用的治疗方式。与其他医学治疗方式一样，输血会存在不良反应或者并发症，对特种疾病如恶性肿瘤患者会有排异。输血不仅是治疗方式，它与伦理道德密切相关。[②]

血液的特殊性和输血的特定使无过错责任在此领域失去了适用的空间，仅仅为了让受害人获赔不足以构成适用无过错责任的正当性。

二、“不合格”血液与“缺陷”药品、消毒药剂、医疗器械存在本质区别

从严格意义上来说，产品责任法中的“不合格”不等同于“缺陷”。合格与否涉及是否符合相关技术性标准，缺陷与否则除了涉及是否符合技术性标准，还会涉及是否符合消费者期待等，还包含未违反技术性标准仍存在不合理危险的状况。

（一）判定“不合格”血液的动态标准

当事人证明血液是否合格时，离不开对血液中心采血、血液检测以及医疗机构输血行为是否有过错、是否违反相关规定的判定。这些规定包括《献血法》《医疗机构临床用血管理办法》《传染病防治法》《血站管理办法》等，它们的规范对象通常是医疗机构和血液中心的行为。如在举证血液是否合格时，通常的举证内容为“发血记录、献血记录、血液检测记录、原辅材料记录（采血袋记录、检测试剂

---

① 在武汉同济医院光谷院区住院的郑女士反映，由于武汉血库储备用血告急，导致她原本定于5月19日的手术被迫临时取消。该院医生向楚天都市报记者证实，由于A型血供应吃紧，该院已暂停所有与A型血有关的平诊（非急诊）手术。参见《武汉血库储备用血告急　患者术前两小时接到取消通知》，载网易新闻：http://news.163.com/16/0522/17/BNMH7V5I00014AEE.html，最后访问日期：2016年6月28日。

② 参见苏品璨：《目前输血工作中的几个伦理问题》，载《中国医学伦理学》2003年第3期。

记录)”,[①]这些记录是对血液中心行为的记录,实际仍然是在证明血液中心的行为有无过错。“证明行为是否有过错恰恰又是过错责任原则与产品责任无过错责任原则的本质区别所在,前者关注被告的行为,后者关注产品的缺陷状态。”[②]

除了上述动态标准,不合格血液的判断更是一个专业的医学判断。“‘不合格’系无偿献血过程中医学检查判断的结果,应当根据《献血者健康检查标准》规定的‘献血者血液检验标准’进行判断,主要是指血液在采血阶段的不合格,包括在血比重筛选中不合格,或者丙氨酸氨基转移酶、乙型肝炎病毒表面抗原、丙型肝炎病毒抗体、艾滋病病毒抗体和梅毒螺旋体抗体试验呈阳性,或者未达到甲型肝炎治愈要求以及在疟疾高发地区检出疟原虫的血液。”[③]这些标准貌似相对客观,但仍离不开对血液中心采血、血液检测行为的判断。

(二)判定“缺陷”药品、消毒药剂、医疗器械的静态标准

我国《产品质量法》第46条规定:“本法所称缺陷,是指产品存在危及人身、他人财产安全的不合理的危险;产品有保障人体健康和人身、财产安全的国家标准、行业标准的,是指不符合该标准。”学界对此也存在不同理解。对于该条文的理解,一为单一标准说:该法确立了单一的缺陷认定标准,即产品存在危及人身、财产安全的不合理危险,国家标准、行业标准只不过是认定是否存在不合理危险的参考要素。一为双重标准说:无论产品是否具有不合理危险,或是不符合国家标准、行业标准,都可认定存在缺陷。笔者认为,双重标准说更具合理性,使产品缺陷包含了符合标准仍致害的情况。

无论哪种观点,产品致害无非包含两种情况:产品违反国家标准、行业标准致害;产品未违反国家标准、行业标准仍然致害。第一

① 蔡新华、唐荣才、项汉城:《从输血医疗纠纷案件中的举证责任倒置看血站业务档案管理的重要性》,载《临床输血与检验》2011年第3期。

② 董春华著:《缺陷医疗器械侵权责任实证研究》,法律出版社2013年版,第55页。

③ 王竹:《论医疗产品责任规则及其准用——以〈中华人民共和国侵权责任法〉第59条为中心》,载《法商研究》2013年第3期。

种情况:违反国家标准、行业标准致害,产品即具有缺陷。国家标准、行业标准等技术性标准是由标准化主管机构批准发布,在全国、行业范围内适用的统一的技术要求。这些技术性标准的核心就是“技术指标”。每一项通用技术标准都是以具体技术指标为内容。[①] 第二种情况:未违反国家标准、行业标准,仍存在不合理危险而致害,产品被认定为有缺陷。我国产品责任法中大多数法院认定第二种情况下的致害产品不存在缺陷,只有极少数法院依据消费者期待标准认定产品存在缺陷。“消费者期望标准指若产品不能提供一般人有权期望的安全,则该产品为存有缺陷。”[②]尽管它是一种主观标准,但并不涉及对侵权人行为的判断。故缺陷药品、消毒药剂、医疗器械的判断标准主要是静态的标准,其关注的是产品的状态,而非行为是否有过错。

三、《侵权责任法》第 59 条的立法目的

《侵权责任法》第 59 条的立法目的[③]究竟为何?目前公开出版的“条文释义”或者“立法背景”或者“条文解释”的著作均不能给出权威的答案。这主要是因为我国《侵权责任法》是集学者、立法者和司法实践(包括法官、律师等)之智慧,平衡各方利益的结果。在多元化的立法环境中,即便是主持该法立法工作的全国人大法工委的观点,也难言权威。在出版于 2010 年 1 月的《侵权责任法》的各种“释义”和“解释”的著作中,影响较大(以引用率为标准)的 3 本分别

---

① 如医疗器械的相关标准的技术指标非常具体详细,近期批准发布的医疗器械技术标准公告如关于批准发布 YY/T 0090－2014《子宫刮匙》等 120 项推荐性医疗器械行业标准的公告(第 30 号),关于批准发布 YY0006－2013《金属双翼阴道扩张器》等 104 项医疗器械行业标准的公告,关于批准发布《纸和纸板尘埃度的测定》等 89 项国家标准的公告,关于批准发布《铝锭》等 320 项国家标准和 33 项国家标准样品的公告。可见,医疗器械的技术指标所涉指标主要是静态的指标。

② 董春华著:《中美产品缺陷法律制度比较研究》,法律出版社 2010 年版,第 71 页。

③ 本书所指《侵权责任法》第 59 条仅指输入不合格血液致害的情形,不包括医疗器械、消毒药剂以及药品的相关评价和阐述。

为：(1)最高人民法院侵权责任法研究小组编著：《〈中华人民共和国侵权责任法〉条文理解与适用》，[1]被引用指数0.7228，总被引364次，被图书引133次；(2)全国人大常委会法制工作委员会民法室：《〈中华人民共和国侵权责任法〉条文说明、立法理由及相关规定》，[2]被引用指数0.3641，总被引164次，被图书引67次；(3)陈现杰：《〈中华人民共和国侵权责任法〉：条文精义与案例解析》，[3]被引用指数0.2065，总被引73次，被图书引38次。从作者来看，第一本为最高人民法院侵权责任法研究小组编著，第二本为全国人大法工委编著，第三本为最高人民法院法官编著，但笔者发现，第一本与第三本的诸多作者是重合的，且相关条文的观点基本是一致的。故本书仅对第一本和第二本涉及的相关观点进行比较说明。两本书都将输入不合格血液与药品、消毒药剂、医疗器械存在缺陷导致损害的情形区分开来，说明两种侵权责任存在区别。

首先，关于《侵权责任法》第59条的释义。第一本书的观点："按照本条的规定，输入不合格的血液与提供有缺陷的药品、消毒药剂、医疗器械产生同样的法律后果。医疗机构和血液提供机构对输血者因输入不合格的血液感染引起的损害承担严格责任，这样就最大限度地保护了输血者这一相对弱者的身体健康权。"[4]很显然，该观点认为第59条规定的输入不合格血液侵权责任属于严格责任，在第54条规定了医疗侵权过错责任的基础上，将输入不合格血液侵权责任独立出来，适用严格责任，主要是为了保护患者的利益，能够最

---

① 参见最高人民法院侵权责任法研究小组编著：《〈中华人民共和国侵权责任法〉条文理解与适用》，人民法院出版社2010年版。

② 参见全国人大常委会法制工作委员会民法室编：《〈中华人民共和国侵权责任法〉条文说明、立法理由及相关规定》，北京大学出版社2010年版。

③ 参见陈现杰著：《〈中华人民共和国侵权责任法〉：条文精义与案例解析》，中国法制出版社2010年版。

④ 最高人民法院侵权责任法研究小组：《〈中华人民共和国侵权责任法〉条文理解与适用》，人民法院出版社2010年版，第416页。

大限度地获得赔偿。

第二本书的观点:从五个方面对立法理由作出解释——法律规定无偿献血的意义和目的,血液从血站经医疗机构到患者的费用和价格,输血中发生的突出问题,血站的责任,医疗机构的责任。基本观点:合理保护受害患者的利益,有利于体现公平正义的法律精神,但也要考虑医药卫生事业的发展,避免过于加重血液提供机构的经济负担,责任保险或赔偿基金制度,是解决此类纠纷的发展方向。其在提到法院适用归责原则时认为,实践中适用无过错责任原则的不多,而过错责任原则在实践中较为常见。① 该观点显然属于中庸派,客观陈述不同观点,其虽未表明《侵权责任法》第 59 条为过错责任原则,但将输入不合格血液致害分割为过错责任和各方均无过错的无过错责任。虽然过错责任与各方均无过错的"无过错责任"相加基本可以等于无过错责任或严格责任,但笔者仍认为,鉴于无过错责任的"不问过错",还是不能将二者等同。对于"无过错输血",该观点也并未明确其为无过错责任,而是倡导通过其他途径解决该情形的纠纷。该观点更注重输血患者与医疗机构和血液提供机构之间的利益平衡,着眼于长远的医疗卫生事业的发展。

总结以上两种观点,若最高人民法院的集体之作能够代表最高人民法院的观点,全国人大法工委的集体之作代表全国人大法工委的观点,前者认定输血感染病毒侵权责任即为严格责任,而全国人大法工委未明确该条为何种归责原则,也未明确输血感染病毒侵权责任的归责原则。与学者的观点相对应,第一种观点与王利明、杨立新等教授观点相一致,而第二种观点则与梁慧星等教授的观点基本一致。

若仅仅局限于这两种观点本身,我们仍然只能在"公说公有理,婆说婆有理"的怪圈中打转,永远得不到相对中肯的结论。《侵权责

---

① 参见全国人大常委会法制工作委员会民法室编:《〈中华人民共和国侵权责任法〉条文说明、立法理由及相关规定》,北京大学出版社 2010 年版,第 238 ~ 242 页。

任法》第 59 条的模式并非首创，其与《侵权责任法》第 43 条属于类似模式，而后者来源于我国 1993 年《产品质量法》第 31 条。

其次，关于《产品质量法》第 43 条和《侵权责任法》第 43 条的释义。1993 年《产品质量法》第 31 条规定："因产品存在缺陷造成人身、他人财产损害的，受害人可以向产品的生产者要求赔偿，也可以向产品的销售者要求赔偿。属于产品的生产者的责任，产品的销售者赔偿的，产品的销售者有权向产品的生产者追偿。属于产品的销售者的责任，产品的生产者赔偿的，产品的生产者有权向产品的销售者追偿。"这一规定被 2000 年修订的《产品质量法》第 43 条以及 2009 年的《侵权责任法》第 43 条直接继承。

国家技术监督局 1993 年 8 月 3 日颁布的《〈中华人民共和国产品质量法〉条文释义》指出，"1. 本条是关于受害人有权要求产品侵权损害赔偿和先行赔偿人有权向负有责任的人追偿的规定……3. 受害人因产品缺陷遭受人身伤害、财产损失之后，可以向该产品的生产者或者销售者的任何一方提出侵权损害赔偿的要求，享有索赔对象的选择权利"。该释义明确第 29 条的生产者严格产品责任和第 30 条的销售者过错产品责任，第 31 条只是为了方便受害人受偿。"受害人受偿"是方便了，但带来的问题是，可能让非终极责任人负责任，故又规定了生产者与销售者之间的追偿。

2000 年《产品质量法》修订后，该条文成为第 43 条，当时人大法工委编写的《产品质量法释义》指出："本条是关于受害人要求损害赔偿的途径和先行赔偿人具有追偿权的规定。""二、本条从方便消费者维护自己合法权益的角度出发作出了关于受害人要求损害赔偿的两个途径：一个是可以要求产品的生产者赔偿；另一个是也可要求产品的销售者赔偿。也就是说，只要是缺陷产品引起的损害赔偿，受害人可以向生产者和销售者中的任何一方提出赔偿请求。如果二者不予赔偿，受害人可以生产者和销售者中的任何一方或者双方为被告提起民事诉讼。三、根据本条规定，先行赔偿的一方有权向应承担责任的一方追偿自己已经向受害人垫付的赔偿费用。”[①]2010 年，人大法工委对《侵权责任法》第 43 条的解释直接照搬了 2000 年的“释义”。[②]

而最高人民法院的“条文理解”认为，“被侵权人向生产者或销售者请求赔偿的产品责任性质属于无过错责任，即只要有产品缺陷致人损害的事实发生，侵权人就要承担赔偿等民事责任”。[③]

从 1993 年《产品质量法》制定第 31 条的初衷来看，其并未意图规定生产者和销售者的产品责任归责原则。以上两种不同观点实质上是《产品质量法》《侵权责任法》第 41 ~ 43 条结构的不同解释。第一种观点认为，第 41 条和第 42 条分别规定了生产者和销售者的产品责任，第 43 条是二者相互追偿的规定；第二种观点认为，第 43 条是产品责任的总括性规定，第 41 条和第 42 条是生产者和销售者相互追偿的规定。[④] 本书赞同第一种观点。我国 1993 年《产品质量法》很多条文是借鉴 1987 年《欧盟产品责任指令》，第 29 条关于生产者产品责任几乎是照搬，不同的是，《欧盟产品责任指令》的责任主体为生产者，销售者只有在特殊情形下被视为生产者，而我国《产品质量法》规定了销售者作为产品责任主体，再加上我国幅员辽阔，消费者很难找到生产者，为了方便消费者受偿才开创了第 31 条的模式，以至于有些学者就根据“文义”将其解释为“严格产品责任”，此乃误读也。

基于以上“释义”的分析，若将最高人民法院持有的“无过错责任说”视为立法意图显然是武断的，而全国人大法工委较中肯的意

① 全国人大法工委编：《中华人民共和国产品质量法释义》，法律出版社 2000 年版，第 66 ~ 86 页。

② 王胜明主编：《〈中华人民共和国侵权责任法〉条文解释与立法背景》，人民法院出版社 2010 年版，第 180 ~ 181 页。

③ 最高人民法院侵权责任法研究小组编著：《〈中华人民共和国侵权责任法〉条文理解与适用》，人民法院出版社 2010 年版，第 416 页。

④ 参见董春华：《论销售者产品责任抗辩事由》，载《商业研究》2015 年第 1 期。

见却印证了基层司法实践的观点和做法，笔者认为后者更接近于“立法意图”。

四、法院在输血感染病毒侵权责任中适用《侵权责任法》第59条的目的

关于法院适用《侵权责任法》第59条的目的，在“责任主体与责任分担”章已有说明，为了论述目的，这里再简要进行总结。无过错责任说的支持者认为第59条意在确定输血致害的无过错责任，而多数法院直接引用第59条进行判决时意不在让医疗机构和血液中心承担无过错责任，而是解决受害人的起诉对象、医疗机构与血液中心的责任分担问题，并由原来证明被告行为有无过错转变为证明血液是否合格。证明血液是否合格又回归至对医疗机构、血液中心行为的判断，也与产品责任意义的无过错责任毫无关联。法院引用第59条主要有以下目的：

（一）方便受害人确定起诉对象

因为血液来源于血液提供机构，在受害人起诉医院时，受害人时常显得力不从心，遭到医院的质疑甚至拒绝。《侵权责任法》第59条明确受害人起诉医院的正当性，医院无理由拒绝请求。如中心医院与郭某、王某案①法院判定：“根据《侵权责任法》第59条规定，因输入不合格血液造成患者损害的，患者可以向血液提供机构请求赔偿，也可以向医疗机构请求赔偿，原告撤回对中心血站的起诉，保留对中心医院的起诉符合法律规定。”该案依据第59条目的是，确定原告撤回对血站的起诉、仅起诉医院，具有合理性。受害人依据第59条既可以单独起诉医院，也可以单独起诉血液中心，也可以同时起诉二者。无论医院还是血液中心都不得以责任主体不当作为抗辩，拒绝符合赔付要求的赔偿请求。

---

① 湖北省襄阳市中级人民法院民事判决书(2014)鄂襄阳中民二终字第00192号。

(二)由判断"被告有无过错"变为确定"血液是否合格"并进行责任分配

有些案例并不明确第59条是否无过错责任，而直接据之判定血液是否合格并对血液中心和医疗机构的责任作出分配。

1. 毛某与徐州市第一人民医院、徐州市红十字血液中心案。[①] 该案法院引用第59条，目的在于认定："因血液中心提供的献血者健康情况申请表没有献血者签字，未严格遵守《献血者健康检查要求》及《中国输血技术操作规范》的技术规范要求，无法确保涉案血液为合格血液，应对受害人的损失承担赔偿责任，医院作为输血的医疗机构，也应承担赔偿责任，其有权向血液中心追偿。"

2. 杭州市红十字会医院与潘某、中国人民武装警察部队浙江省总队杭州医院、浙江大学医学院附属第二医院案。[②] 该案法院依据第59条，目的在于确认："浙江省血液中心对血浆的采集、检测、储存、分离、包装、运输和供血等程序均符合法律规定，检测结果均为合格，不属于第59条规定的不合格血液，原告请求赔偿依据不足。"

3. 郅某诉宝丰县人民医院案。[③] 该案法院引用第59条，目的在于确定：宝丰县医院现未提供充分有效的证据用以证明其为郅某所输血液为合格血液，宝丰县医院在承担赔偿责任后，可以向血液提供机构追偿。该案法院明确："行为人因过错侵害他人民事权益的，应当承担侵权责任。"

4. 李某与宝丰县人民医院、宝丰县卫生防疫站案。[④] 该案法院引用第59条，目的在于说明："宝丰县卫生防疫站不能提供有效证据证明向宝丰县人民医院提供了合格的血液而承担赔偿责任，宝丰县人民医院疏于检验，应与宝丰县卫生防疫站承担连带责任。"

---

① 江苏省徐州市中级人民法院民事判决书(2014)徐民终字第2042号。

② 浙江省杭州市中级人民法院民事判决书(2013)浙杭民终字第3054号。

③ 河南省平顶山市宝丰县人民法院民事判决书(2013)宝民初字第1292号。

④ 河南省平顶山市宝丰县人民法院民事判决书(2011)宝民初字第1070号。

（三）明确《侵权责任法》第59条为无过错责任

明确《侵权责任法》第59条为产品责任无过错责任的法院的确属于极少数。标本案例中只有一件案例持此观点。高某与双城市人民医院、双城市血站案①法院明确，“《侵权责任法》直接以条文的形式确立因输入不合格血液导致的医疗损害赔偿适用无过错责任原则。只要患者因输入不合格的血液受到损害，医疗机构、血液提供机构无论对此有无过错，均应依法承担民事赔偿责任”。同时也承认原告对向谁主张损害赔偿具有选择权。

但同样，在确定无过错责任、确定血液是否合格时，仍回归至血液中心和医疗机构在采血、储存和输血过程中有无违反相关规定，这最终导致无过错责任的判断与过错责任的判断无本质区别，且该案采纳了举证责任倒置规则，这成为原告胜诉的关键。

五、《侵权责任法》第59条的立法初衷及功能：本书观点

本书认为，《侵权责任法》第59条关于输入不合格血液的规定，就是为了方便受害人受偿，并没有意图规定归责原则，更谈不上无过错责任。针对医疗机构，其在一些案例中常以“血液来源于血液中心”为由提出抗辩，认为自己不是适格的责任主体，第59条可作为“对医疗机构苛以责任”的直接依据；针对血液中心，受害人并不直接知晓、即便知晓也无法证明所输血液来源于哪个血液中心，且《献血法》并未规定血液提供机构的民事责任，第59条明确了血液提供机构的民事赔偿责任，有利于受害人受偿。因此，该条规定的输入不合格血液致害并未超出医疗侵权责任的一般范畴，适用过错责任，不仅司法实践的数据说明了这一点，法院适用第59条的目的也印证了将血液纳入该条文的初衷是方便受害人救济并对责任主体之间的追偿作出规定，即便是极少数认定其为无过错责任的案例，在判定血液

① 黑龙江省双城市人民法院民事判决书(2012)双商初字第1288号，黑龙江省哈尔滨市中级人民法院民事判决书(2014)哈民二民终字第918号。

是否合格时,又回归至医疗机构、血液中心行为的考察,与过错责任无异。依笔者浅薄之见,第59条包含以下含义:

第一,不合格血液致害的判定,比缺陷药品、消毒药剂、医疗器械的判断要求低,即血液只有不合格才会追究医疗机构、血液中心责任,而后者有时即使合格仍可被认定为有缺陷。主要原因在于不合格血液致害纠纷的难点是因果关系的确定,与药品、消毒药剂、医疗器械有很大差别。相当比例的受害人难以证明甚至不知晓感染病毒与输血的因果关系,这与病毒致害的潜伏期有很大关联,但后者致害则无该典型特征。

第二,条文语言与《产品质量法》第43条和《侵权责任法》第43条如出一辙,并不表明其即属于产品责任的无过错责任。关于《产品质量法》的产品责任体系,笔者观点是:"第41条是针对生产者的产品侵权责任,第42条是针对销售者的产品侵权责任,第43条是方便消费者起诉及生产者、销售者各自追偿的依据。"[①]《侵权责任法》第59条复制了第43条的语言,只是方便受害人救济,并对医疗机构与血液中心之间责任分担和追偿作出规定。上述案例的法院判决也说明该条文的主要功能是方便受害人,并对医疗机构和血液中心的责任作出分配。这也解释了,为何多数法院在《侵权责任法》实施后仍恪守过错责任原则,这实际上并非是对立法的误读和抗争,而是对立法和输血致害性质的合理解读。故笔者认为,《侵权责任法》第59条对不合格血液致害的规定仍属过错责任原则,该法实施后的司法实践也印证了这一点,该条文也无须修改。[②] 对第59条中不合格血液致害责任归责原则的立法解释仍应遵循过错责任原则,司法实践对过错责任原则的坚持有其合理性。

---

① 董春华:《论销售者产品责任抗辩事由——以〈产品质量法〉第41条3项抗辩事由为视角》,载《商业研究》2015年第1期。

② 尽管侯国跃认为,输血致害责任应为过错责任原则,但建议将第59条修改并分解,将输入不合格血液致害单独规定,并删除医疗机构和血液中心的追偿条款的规定。参见侯国跃:《输血感染损害责任的归责原则和求偿机制》,载《社会科学》2014年第2期。

总之，血液与输血具有特殊性，发现血液中更多种类的病毒是人类的福音，但对医疗机构和血液提供机构适用严苛的责任标准，最终受害的是患者。庆幸的是，输血感染病毒的受害人胜诉率并不低，尽管对受害人的赔偿是医疗机构和血液中心的负担，并未给该行业造成沉重打击。[①] 因此，本书认为，多数法院目前倾向于适用的过错责任和当事人无过错时的公平责任，基本可以平衡各方利益。

---

① 在美国，因为血友病患者感染丙肝提起的集团诉讼，理查德·波斯纳下结论，被告可能会面临“250 亿美元的潜在责任”。该种责任会将整个行业推向破产。参见 Mark A. Geistfeld, *Principles of Products Liability*, Foundation Press, 2006, p. 78。

第三章 输血感染病毒侵权责任举证规则

美国学者埃尔曼曾言:"举证规则可能使实体法规则完全不起作用",①我国"法律界也有一个共识,举证责任很大程度上关乎一个案件的成败",②这在医疗领域体现更为明显。输血致害纠纷是导致医患矛盾的重要原因之一,其救济也是各国法院面临的共同难题。上文探讨了输血感染病毒侵权责任的归责原则,无论是无过错责任还是过错责任,都需证明血液是否合格,或者证明是否存在过错,或者证明是否存在因果关系。

最高人民法院《关于民事诉讼证据的若干规定》③(以下简称《证据规定》)第4条第8项规定:"因医疗行为引起的侵权诉讼,由医疗机构就医疗行为与损害结果之间不存在因果关系及不存在医疗过错承担举证责任。"《侵权责任法》④第54条⑤规定了医疗侵权过

---

① [美]埃尔曼著:《比较法律文化》,贺卫方、高鸿钧译,生活·读书·新知三联书店1990年版,第171页。

② 陈惠、王冰:《侵权责任法:为举证责任倒置松绑》,载《中国社区医师》2010年第6期。

③ 法释[2001]33号,2001年12月6日最高人民法院审判委员会第1201次会议通过,2002年4月1日起施行。

④ 《侵权责任法》由全国人大常委会第十二次会议于2009年12月26日通过,2010年7月1日开始实施。

⑤ 《侵权责任法》第54条规定:患者在诊疗活动中受到损害,医疗机构及其医务人员有过错的,由医疗机构承担赔偿责任。

错责任,第58条[1]限定性地规定了医疗过错推定,未有条文提及因果关系的举证问题。我国法学界和医学界对输血致害的举证规则都曾进行过较深入的探讨,但观点大相径庭。法学界倾向于认可举证责任倒置对患者胜诉的积极作用,[2]医学界则反对举证责任倒置,主张医疗侵权纠纷应向举证责任正置发展。[3] 侵权法学者杨立新教授则提出:“医疗损害责任因果关系要件的完全推定是不正确的,应当改进。在诉讼中认定医疗损害责任的因果关系要件,可以适用因果关系推定规则,但并不是完全的因果关系推定,而是有条件的因果关系推定,即举证责任缓和。”[4]针对立法的不同规定和学界的不同观点,本章探讨《侵权责任法》医疗侵权举证规则规定的转变是否对输血致害司法实践产生影响,产生多大程度的影响,进而反思《侵权责任法》的规定并对其未来之修订和法律解释提出中肯意见。

第一节　输血感染病毒侵权责任举证规则的数据统计

鉴于《证据规定》首次规定了举证责任倒置,也为了弄清楚举证责任倒置的“前世今生”,本章标本案例也包括对《证据规定》实施前

① 《侵权责任法》第58条规定:患者有损害,因下列情形之一的,推定医疗机构有过错:(1)违反法律、行政法规、规章以及其他有关诊疗规范的规定;(2)隐匿或者拒绝提供与纠纷有关的病历资料;(3)伪造、篡改或者销毁病历资料。

② 叶名怡指出:“《侵权责任法》的立场明显对作为受害人的患者一方过于严苛。”参见叶名怡:《医疗侵权责任中因果关系的认定》,载《中外法学》2012年第1期。

③ 陈秉喆认为:“今后医疗侵权纠纷的立法趋势会向‘举证责任正置’发展,逐步减少适用过错推定的情形,扩大适用过错责任进行归责,直至全部的医疗侵权均适用过错责任原则,由原告就自己提出的主张和请求进行举证。”参见陈秉喆:《侵权责任法背景下再议医疗侵权适用举证责任倒置》,载《中国卫生法制》2010年第5期。

④ 杨立新:《医疗损害责任的因果关系证明及举证责任》,载《法学》2009年第1期。

案例的统计。《证据规定》实施前的案例标本有23件,《证据规定》实施后《侵权责任法》实施前的案例标本有106件,《侵权责任法》实施后的标本案例有95件。[①] 因本章目的在于探讨《侵权责任法》医疗侵权责任举证规则的规定对输血致害责任司法实践举证规则是否产生影响及其程度,举证责任倒置规则的发展及其趋势,故下文数据统计以《证据规定》《侵权责任法》的实施为界,分为三组进行比较研究。对这些案例的统计研究,不仅在于描述法院如何判决及判决结果如何,更在于考察判决结果背后的理念和价值取向,并集中于探讨不同举证规则对原告胜诉率的不同影响。

在我国现有民事诉讼制度下,举证责任配置给任何一方均可能导致实体不公,在医疗纠纷诉讼中甚至是"证明责任之所在,败诉之所在"。《证据规定》首次规定了举证责任倒置规则,《侵权责任法》对举证规则的规定又有所变化,这是否意味着举证责任倒置规则将成为历史?在输血致害责任领域,司法实践到底如何分配举证责任?《侵权责任法》实施后,司法实践对举证责任倒置规则的适用是否发生了实质性变化?为此,笔者以举证规则为主线对标本案例进行了统计,依据"谁主张,谁举证"、举证责任倒置及法院综合判定进行考察,试图发现该领域司法实践分配举证责任的取向。

一、《证据规定》实施前输血感染病毒侵权责任举证规则的数据统计

《证据规定》在我国首次以"立法"的形式规定医疗侵权的举证责任倒置,这是否意味着此前输血致害领域司法实践从未适用过举证责任倒置规则?表10对《证据规定》实施前省份分布相对较均衡的23件标本案例进行了统计分析:

---

① 本章案例统计仍不包括上海,笔者收集的40件上海案例中,99%判决书的判决结果、判决语言如出一辙,无论是《侵权责任法》适用之前还是之后均无变化,故不将其列入分析范畴。

表 10

举证规则	数量和百分比	结果	数量和百分比
谁主张,谁举证	1(4.3%)	胜诉	1(4.3%)
		败诉	0
		补偿	0
举证责任倒置	6(26.1%)	胜诉	5(21.7%)
		败诉	1(4.3%)
		补偿	0
法院综合判定	16(69.6%)	胜诉	12(52.2%)
		败诉	3(13.1%)
		达成协议	1(4.3%)
总计	23(100%)	胜诉	18(78.3%)
		败诉	4(17.4 %)
		补偿	1(4.3%)

对以上数据进行分析可以发现:《证据规定》实施前,输血致害责任领域胜诉案件为 18 件,总胜诉率为 78.3%;败诉案件为 4 件,总败诉率为 17.4%;另有 1 件即 4.3% 案件的原告依据协议获得了补偿。其中,采纳“谁主张,谁举证”规则的案件有 1 件,占 4.3%,胜诉率占案件总量的 4.3%;采纳举证责任倒置规则的案件有 6 件,占 26.1%,胜诉率占案件总量的 21.7%;法院综合判定的案件有 16 件,占 69.6%,胜诉率占案件总量的 52.2%;有 1 件案件达成协议,原告获得补偿。

以上数据说明:尽管《证据规定》于 2002 年 4 月 1 日实施,但司法实践在其实施前早已适用举证责任倒置规则,其适用的比例少于 1/3,胜诉率较高;法院根据证据综合判定的情形也很常见,比适用举证责任倒置规则的案件占有更大比例,胜诉率低些;原告证明因果关系和过错的比例不高。这说明,《证据规定》实施前,输血致害责任领域举证责任分配规则并不明朗,以法院综合判定为主,举证责任倒置规则已经占有了一定的地位。

二、《证据规定》实施后、《侵权责任法》实施前输血感染病毒侵权责任举证规则的数据统计

《证据规定》实施后,举证责任倒置规则名正言顺地成为输血致害责任案件的举证规则,其在输血致害领域是否会独领风骚?表11对该时间段106个标本案件进行了统计分析:

表11

举证规则	数量和百分比	结果	数量和百分比
谁主张谁举证	11(10.4%)	胜诉	0
		败诉	11(10.4%)
		补偿	0
举证责任倒置	64(60.4%)	胜诉	52(49.1%)
		败诉	11(10.4%)
		补偿	1(0.9%)
法院综合判定	30(28.3%)	胜诉	16(15.1%)
		败诉	9(8.5%)
		补偿	5(4.7%)
未涉及	1(0.9%)	胜诉	0
		败诉	1(0.9%)
总计	106(100%)	胜诉	68(64.2%)
		败诉	32(30.2%)
		补偿	6(5.6%)

对以上数据进行分析可以发现:

《证据规定》实施后、《侵权责任法》实施前的案例胜诉总数量为68件，胜诉率占案例总量的64.2%。其中，采纳“谁主张，谁举证”的案件有11件，均为败诉，占有10.4%；法院综合判定的案件有30件，占案例总量的28.3%，胜诉率却占总胜诉率的15.1%，败诉率为8.5%，原告获得补偿的比例为4.7%；采纳举证责任倒置规则的案件有64件，占案例总量的60.4%，胜诉率占案件总量的49.1%；另有1件案件未涉及举证规则，直接因超过诉讼时效被驳回，占0.9%。①

以上数据显示，举证责任倒置规则在该阶段司法实践中占有重要地位，超过半数的法院采纳了该规则，且胜诉率占案件总量的1/2左右。法院综合判定举证责任的案件数量明显下降，但胜诉率很低。采纳“谁主张，谁举证”规则的案件也占有相当比例，但原告无一胜诉，有个别原告因超过诉讼时效被驳回起诉而败诉。法院综合判定及采纳“谁主张，谁举证”规则对原告胜诉率影响较难认定且不稳定，但举证责任倒置规则的采纳率与原告胜诉率明显成正比。

三、《侵权责任法》实施后输血感染病毒侵权责任举证规则的数据统计

《侵权责任法》关于医疗侵权举证规则的规定发生了变化，大大降低了适用举证责任倒置的比例。该变化是否对司法实践产生了影响，产生多大程度的影响？表12对《侵权责任法》实施后的95个案例进行了统计分析：

① 《侵权责任法》实施前，其他各省采纳“谁主张，谁举证”规则的案件占10.6%，采纳举证责任倒置规则的案件占40.4%；河南省采纳“谁主张，谁举证”规则的案件占10.2%，采纳举证责任倒置规则的案件占76.3%。二者采纳“谁主张，谁举证”规则的案件比例相差无几，但河南省采纳举证责任倒置规则的比例远远高于其他各省。

表 12

举证规则	数量和百分比	结果	数量和百分比
谁主张谁举证	16(16.8%)	胜诉	0
		败诉	13(13.7%)
		补偿	3(3.1%)
举证责任倒置	57(60%)	胜诉	53(55.8%)
		败诉	3(3.1%)
		补偿	1(1.1%)
法院综合判定	17(17.9%)	胜诉	6(6.3%)
		败诉	6(6.3%)
		补偿	5(5.3%)
未涉及	5(5.3%)	胜诉	0
		败诉	5(5.3%)
		补偿	0
总计	95(100%)	胜诉	59(62.1%)
		败诉	27(28.4%)
		补偿	9(9.5%)

对以上数据进行分析可以发现：

《侵权责任法》实施后，输血致害侵权责任领域胜诉案件为 59 件，其胜诉率占案件总量(95 件)的 62.1%。其中，采纳“谁主张，谁举证”规则的案件有 16 件，占案例总量的 16.8%。13 件败诉，占案件总量的 13.7%；3 件案件的原告获得补偿，占案件总量的 3.1%。法院依据证据综合判定的案件为 17 件，占案件总量的 18%。胜诉案件为 6 件，占案件总量的 6.3%；败诉案件为 6 件，占案件总量的 6.3%；原告获得补偿的案件为 5 件，占案件总量的 5.3%；采纳举证责任倒置规则的案件为 57 件，占案件总量的 60%，胜诉率 55.8%，败诉率为3.1%,补偿率为1.1%。①

以上数据显示,《侵权责任法》实施后,举证责任倒置规则在输血致害案件中仍占有极其重要的地位,这不仅体现在采纳该规则的案件数量上,还体现在该规则的较高胜诉贡献率上,其他举证规则下的原告要么败诉要么只是获得补偿,胜诉率偏低。举证责任倒置规则的地位,并未因《侵权责任法》相关规定的变化而明显削弱,其对原告获得胜诉仍具有决定性的意义。

有些法院对《侵权责任法》的相关条文并未表现出太大兴趣。如李某与长葛市人民医院案②的被告曾明确向法院挑明:"依照现行的侵权责任法规定,原告有义务举证被告行为存在过错。"该案法院针对此重申了输血致害医疗纠纷中被告承担责任的四个要件,包括损害事实、违法行为或技术上的失误、损害事实与违法行为之间具有因果关系以及过错。但在涉及举证责任时,法院却认为,"原告提供的证据已证明其患有丙肝的事实,原告同时提供了在被告处住院和输血的证据,可表明双方存在医患关系,其已完成举证责任。被告的输血行为是否存在过错和原告主张的损害结果与被告的输血行为是否存在因果关系的举证责任,便转移给被告"。也就是说,即使在《侵权责任法》对医疗纠纷举证规则作出调整的情况下,法院仍认定,在原告举证损害结果和输血关系后,被告有义务举证无因果关系及过错。明确患者"医疗关系和损害后果"举证责任的案例还有:中国人民解放军第一五五中心医院与张某案、③王某与遂平县人民医

① 《侵权责任法》实施后,其他各省采纳"谁主张,谁举证"规则的案件占18.5%,采纳举证责任倒置规则的案件占46.3%;河南省采纳"谁主张,谁举证"规则的案件占14.6%,采纳举证责任倒置规则的案件占78%。二者采纳"谁主张,谁举证"规则和举证责任倒置规则的案件比例都有所上升,法院综合判断的案件比例都有所下降。只不过,河南省仍然维持采纳举证责任倒置规则的较高比例。

② 河南省长葛市人民法院民事判决书(2010)长民初字第00150号。

③ 河南省开封市中级人民法院民事判决书(2015)汴民终字第400号。

院案[①]等。

《侵权责任法》实施后，仍有不少法院继续采纳《证据规定》第2条"谁主张，谁举证"的一般规则，赋予原告过重的举证负担，如戚某与安徽省宿州市立医院案、[②]张某与中国人民解放军第十医院、中卫市人民医院案、[③]文某与孝感市中心医院、孝感市中心血站案[④]原告都以败诉告终，只有何某与驻马店市中心医院案[⑤]的原告获得胜诉。虽然"世界各国一般都是原告（病人）承担医疗侵权证明责任，病人证明医师存在诊疗过失、病人受到损害、二者之间有因果关系"，[⑥]但以上标本案例的数据仍然说明原告举证因果关系及过错，对其胜诉乃是致命的打击，或者说胜诉的机会很渺茫。

《侵权责任法》第58条规定的推定过错也产生了一定的影响。如袁某与焦作煤业（集团）有限责任公司中央医院案、[⑦]郑州人民医院与王某案[⑧]法院援引了该条文，两案原告都获得胜诉。宋某与澧县中医院案[⑨]法院虽援引并适用了第58条，但认定此案不存在过错推定的3种情况，原告因无法证明过错而败诉。可见，过错推定必须适用于法律规定的情形，有较大限制。

总之，对三个阶段输血致害责任领域举证规则的考察发现，三个阶段的原告总胜诉率依次为78.3%、64.2%、62.1%，有不同程度的波动，但能够体现较稳定的胜诉率。举证责任倒置规则的采纳率依次为26.1%、60.4%、60%，《证据规定》适用后变化较大，但《侵权责

---

① 河南省驻马店市中级人民法院民事判决书（2011）驻民三终字第264号。

② 安徽省宿州市中级人民法院（2013）宿中民三终字第00591号。

③ 武威市凉州区人民法院民事判决书（2012）凉民初字第811号。

④ 湖北省孝感市中级人民法院民事裁判书（2012）鄂孝感中民一终字第00281号。

⑤ 河南省驻马店市中级人民法院民事判决书（2012）驻民三终字第529号。

⑥ ［德］克雷斯蒂安·冯·巴尔著：《欧洲比较侵权行为法》（下），焦美华译，法律出版社2004年版，第375～384页。

⑦ 解放区人民法院（2011）解民初字第595号。

⑧ 河南省郑州市中级人民法院民事判决书（2014）郑民一终字第779号。

⑨ 湖南省常德市中级人民法院民事判决书（2012）常民四终字第2号。

任法》的适用并未对其产生较大影响，相对较稳定。司法实践一直在输血致害领域维持着举证责任倒置规则一定的比例，该领域原告的胜诉率也维持在较稳定的水平。比较《侵权责任法》实施前后的数据也发现，《侵权责任法》的实施对输血致害案件的举证规则产生了很小的影响。但与立法者的意图相左的是，举证责任倒置规则并未因《侵权责任法》的实施适用的比例就有实质性减少，相反，无论原告胜诉率还是举证倒置规则的比例，都保持稳定。故可得出的结论是：《侵权责任法》弱化举证责任倒置规则的意图在司法实践中落空，因果关系及过错举证责任的负担是影响原告能否胜诉的决定性要素。《侵权责任法》到底如何弱化举证责任倒置规则，为何其在输血致害司法实践中遭遇排斥或被视而不见？

第二节 《侵权责任法》对举证责任倒置规则的弱化

"举证责任是指当事人所主张的争点未被证明时负担败诉的责任，亦称说服责任。"①"举证责任具有双重涵义，即行为意义上的举证责任和结果意义上的举证责任。行为意义上的举证责任，是指当事人对所主张的事实负有提供证据的责任。结果意义上的举证责任，是指在事实真伪不明时，主张该事实的当事人所承担的不利诉讼结果。"②结果意义上的举证责任意味着当事人承担败诉结果。"所谓举证责任的倒置，是指在法律规定的特殊案件中，法官依法把

① 叶自强：《举证责任的确定性》，载《法学研究》2001 年第 3 期。

② 李浩：《我国民事诉讼中举证责任含义新探》，载《西北政法学院学报》1986 年第 3 期。

通常由原告所负担的举证责任分配给被告承担。”[①]因此，若能够实行举证责任倒置，这对原告非常有利。从以上数据统计和分析可以看出，举证责任倒置规则在输血致害责任举证中占有重要地位，且很大程度上影响了原告的胜诉率。我国输血致害责任领域的举证规则到底经历了怎样的变化？《侵权责任法》又是为何并如何弱化举证责任倒置规则的？[②]

一、医疗侵权责任举证责任倒置的规定

医疗侵权主要是对患者生命健康的侵害，故我国医疗侵权责任最早依据《民法通则》第98条[③]和第119条[④]进行规范，并未对其进行特别立法。同样，在举证规则上，与其他一般民事侵权一样，我国医疗侵权责任一直奉行“谁主张，谁举证”的举证规则，并未对其有特殊的规制，直至2002年4月1日《证据规定》实施。虽然医疗侵权举证责任倒置规则肇始于《证据规定》第4条第8项，但司法实践早已在适用举证责任倒置规则，上文表格的统计分析充分说明了这一点。《证据规定》之前，最高人民法院《关于适用〈中华人民共和国民事诉讼法〉若干问题的意见》[⑤]已经规定了5种侵权责任可采纳举证

---

① 叶自强：《举证责任的确定性》，载《法学研究》2001年第3期。

② 虽然举证责任倒置不同于过错推定和因果关系推定，但先推定过错和因果关系，被推定者不能证明无过错、无因果关系时承担败诉之风险，实质上与举证责任倒置有异曲同工之妙。因此，《侵权责任法》第58条有限的过错推定，本书仍视之为某种意义上的举证责任倒置，因此，才有了“举证责任倒置弱化”之判断。

③ 第98条规定：公民享有生命健康权。

④ 第119条规定：侵害公民身体造成伤害的，应当赔偿医疗费、因误工减少的收入、残废者生活补助费等费用；造成死亡的，并应当支付丧葬费、死者生前扶养的人必要的生活费等费用。

⑤ 1992年7月14日颁布，法发（1992）22号，2015年2月4日废止。

责任倒置，[①]但一直未将医疗侵权责任纳入举证责任倒置的范畴。

20 世纪 80 年代开始，政治经济领域的大变革导致我国医疗领域的医患关系复杂、医患矛盾凸显。[②] 90 年代开始，医患矛盾愈演愈烈，甚至出现了社会性事件，如输血感染丙肝、艾滋病等集体性事件。[③] 现实的发展让人们愈发认为，医院与患者是非常特殊的法律关系，表现在医患信息并不对称，患者明显处于弱势地位。特别是在“谁主张，谁举证”的举证规则之下，患者承担举证因果关系和医疗机构过错的双重责任，其经常以举证不能而败诉。为了缓解医患矛盾、改变患者举证不能的局面以保护患者这一弱势群体的利益，《证据规定》将举证责任倒置的范畴扩展至医疗侵权责任。对此，《证据规定》起草人之一宋春雨有非常中肯的论述：“医疗机构具备专业知识和技术手段，掌握相关的证据材料，具有较强的举证能力；而患者则处于相对弱势地位，依据举证责任分配的一般规则，患者往往因举证不能而无法获得相应的赔偿。为平衡当事人利益，更好地实现实体法保护受害人的立法宗旨，对医疗侵权诉讼实行举证责任倒置。”[④]而 2002 年 9 月 1 日《医疗事故处理条例》的实施，却使医疗侵权责任纠纷的解决更加扑朔迷离。

《证据规定》第 4 条第 8 项的举证责任倒置是将举证无因果关

---

① 最高人民法院《关于适用〈中华人民共和国民事诉讼法〉若干问题的意见》第 74 条规定，在诉讼中，当事人对自己提出的主张，有责任提供证据。但在下列侵权诉讼中，对原告提出的侵权事实，被告否认的，由被告负责举证。这些侵权诉讼包括：(1)因产品制造方法发明专利引起的专利诉讼；(2)高度危险作业致人损害的侵权诉讼；(3)因环境污染引起的损害赔偿诉讼；(4)建筑物或者其他设施以及建筑物的搁置物，悬挂物发生倒塌、脱落、坠落致人损害的侵权诉讼；(5)饲养动物致人损害的侵权诉讼。

② 关于我国医患纠纷的背景，请参见孔繁军：《20 世纪 80 年代以来的医患纠纷：背景、现状与对策》，载《中国卫生法制》2004 年第 3 期。

③ 20 世纪 90 年代，河南、内蒙古、黑龙江等多省都出现了输血、献血性的大规模感染丙肝、艾滋病等病毒的社会事件。

④ 李国光著：《解读最高人民法院司法解释之民事卷(1997～2002)》，人民法院出版社 2003 年版，第 596～597 页。

系和过错的义务赋予医疗机构。虽然其规定了因果关系和过错的举证,但医疗机构实际上举证无因果关系或无过错任任一方面的成功,都会阻断责任链而不承担责任。但即便医疗机构证明了无因果关系或无过错,也属可反驳性举证,原告仍可证明医疗机构具有过错或存在因果关系,由法院依据"优势证据"规则确定胜败。故《证据规定》的举证责任倒置包含了证明因果关系的倒置和证明过错的倒置两个方面。

二、《侵权责任法》对举证责任倒置规则的弱化

举证责任倒置规则的适用确实对医疗服务产生了积极影响,医院和医务人员更加谨慎,医疗服务质量和服务意识都有较大提高。但举证责任倒置规则也产生了消极影响,防御性治疗更加明显,医疗纠纷并未减少,医患关系也并未得到明显缓和,偶尔出现杀医等惊心动魄的恶性事件。[①] 这令人们开始反思问题到底出在哪里,弱化举证责任倒置规则是反思的结果之一。

《侵权责任法(草案)》第 59 条曾规定"患者的损害可能是由医务人员的诊疗行为造成的,除医务人员提供相反证据外,推定该诊疗行为与患者人身损害之间存在因果关系。"[②]该条文意图将因果关系的推定限定在特定情况。但全国人大常委会审议时删除了该条文,从而导致《侵权责任法》对因果关系推定的缺失。最后获得通过的《侵权责任法》第 54 条确定了一般医疗过错原则,文本意思是将过错的举证责任赋予原告,未再提及因果关系。但其第 58 条明确将过错的推定限定在三类情况范围内,从而确立了有限度的过错推定制度。《侵权责任法》在举证规则方面的变化,是如何弱化举证责任倒

---

① 关于举证责任倒置规则的积极影响和消极影响,请参见陈谷兰等:《浅析医疗举证责任倒置的去留》,载《卫生经济研究》2010 年第 2 期。

② 王胜明主编:《中华人民共和国侵权责任法释义》,法律出版社 2010 年版,第 483 ~ 484页。

置的?

首先,第 54 条确立了一般医疗过错责任,意味着原告负有举证被告过错的义务,秉持"谁主张,谁举证"的举证原则。依据推定因果关系要有法律明确规定之规则,《侵权责任法》第 66 条明确对环境污染责任因果关系的推定作了规定,[①]依此推理,第 54 条未规定推定因果关系,意味着依据一般规则由原告举证。故该条文在立法层面上使举证因果关系和过错均回归至《证据规定》实施之前的状态。

其次,第 58 条规定了过错推定制度。过错推定与举证责任倒置并非等同。过错推定是过错原则适用的一种特殊情况,是指受害人若能证明其损害是由行为人造成,而行为人不能证明自己对此无过错,则法律推定其有过错并就此损害承担侵权责任,是介于过错责任和无过错责任之间的责任形式。而举证责任倒置是一种举证责任分配制度,是指基于法律规定,将通常情形下本应由提出主张的当事人(一般是原告)就某事由不负举证责任,而由他方当事人(一般是被告)就某事实存在或不存在承担举证责任,若其不能举证,则推定原告主张的事实成立。举证责任倒置是举证规则和举证责任分配制度,通常包括因果关系推定和过错推定。过错推定只是举证责任倒置的一部分,第 58 条所列举的三种情形又将过错推定限定在更有限的范畴。推定也并非当然性的,医疗机构可以通过证据进行反驳。

由上可见,《侵权责任法》通过不规定推定因果关系和对推定过错的严格限制,大大弱化了举证责任倒置规则所能够发挥作用的范畴。若将第 58 条的过错推定视为某种意义上的举证责任倒置,《侵权责任法》从立法上确实弱化了举证责任倒置规则在医疗领域的适用。

针对第 54 条和第 58 条的规定,有学者提出了举证责任缓和的

① 《侵权责任法》第 66 条规定:因污染环境发生纠纷,污染者应当就法律规定的不承担责任或者减轻责任的情形及其行为与损害之间不存在因果关系承担举证责任。

概念,“举证责任缓和,也叫举证责任转换,是指某些类型民事诉讼中的举证责任并非始终由当事人一方承担,相反,举证责任可以在适当的时候由主张方转移至被主张方,当然也可以向相反的方向转换”,[①]有学者认为“我国《侵权责任法》第58条已经规定了医疗损害举证责任缓和内容”,[②]而杨立新教授认为,《侵权责任法》“医疗损害责任举证责任没有规定举证责任缓和规则”。[③] 为何对同一立法规定的评价差别如此之大,举证责任倒置与举证责任缓和是否有本质区别?

在对举证责任倒置与举证责任缓和的比较中,有学者提出:“就因果关系的存在是否属于完全推定来看,举证责任缓和是一种有条件、有限制的推定,即对因果关系是不完全的推定,受害患者一方不能就因果关系存在的事实毫无证明,就直接由法官推定因果关系存在,而由医疗机构承担没有因果关系的举证责任;而举证责任倒置完全将本应由原告承担的责任转换至被告方,它适用于完全过错推定责任的情形,所以,就举证责任倒置而言,因果关系是完全推定,原告完全无须证明即可推定。”[④]笔者对此有不同意见。即便在举证责任倒置中,原告并非对因果关系毫无证明责任,即使在《证据规定》举证责任倒置的情况下,原告也负有举证伤害以及原告与被告之间存

---

① 环建芬:《论我国医疗损害举证责任缓和规则的建立》,载《政治与法律》2011年第5期。

② 顾加栋、巢敏:《侵权责任法与医疗技术损害责任相关问题》,载《南京医科大学学报》(社会科学版)2010年第2期。

③ 杨立新:《〈侵权责任法〉改革医疗损害责任制度的成功与不足》,载《中国人民大学学报》2010年第4期。

④ 环建芬:《论我国医疗损害举证责任缓和规则的建立》,载《政治与法律》2011年第5期。

在输血关系的责任。[①] 从司法实践来看,《证据规定》的举证责任倒置实际上与学者所称举证责任缓和并无本质区别,其并非因果关系和过错的完全推定,医疗机构当然可以通过证据证明无因果关系或其不存在过错,在采纳举证责任倒置规则的标本案例中,原告败诉都是因为医疗机构和血液中心能够证明血液合格或者无过错。

与其他医疗侵权案件一样,在输血致害案件中,医疗鉴定起决定性作用,鉴定内容包括:医疗行为是否存在过错、输血与感染病毒是否存在因果关系,这通常都是案件焦点。在我国医疗诉讼中,医疗鉴定实际上充当了专家意见证据的角色,但与国外专家意见证据在提出程序及效力认定上都存在区别。在医疗鉴定对因果关系和医疗机构、血液中心是否有过错做出明确评判时,看似是否再适用举证责任倒置就无意义。但输血感染病毒致害的医疗鉴定,其通常无法对感染病毒和输血行为因果关系给出明确结论,而"无法确定输血与感染病毒的因果关系,但也无法排除输血与感染的因果关系"的结论往往使案件更复杂。即便如此,举证责任倒置仍很重要,"事实若获得了证明,实体法上的后果就不会发生,事实处于真伪不明状态,败诉风险才会转化为实际的败诉后果。但是,如果待证事实本身是证明起来难度相当大的事实,倒置举证责任也就接近于倒置了实体法上的败诉后果"。[②] 即举证责任倒置使在事实并不清楚时,谁有举证义务谁就承担败诉之风险。

故依笔者之见,推定因果关系的缺失及对推定过错的严格限制,使《侵权责任法》的医疗侵权责任举证规则呈现出对举证责任倒置弱化的意图,在事实中的因果关系和过错无法通过证据加以证明时,这会提高原告败诉的可能性。

---

① 如王某军、王某佳、王某杰、靳某、王某兰与沙河市康泰医院案法院认为:"在输血致害案件中,患者举证输血关系、医疗行为损害后果,医疗机构举证不存在过错及因果关系,这是公平合理的举证分配责任。"参见河北省高级人民法院(2004)冀民一终字第38号。

② 李浩:《举证责任倒置:学理分析与问题研究》,载《法商研究》2003年第4期。

第三节　法院医疗纠纷审判指导意见

2010年7月1日《侵权责任法》实施后，全国各地各级法院，针对《侵权责任法》关于医疗损害纠纷规定的变化也做出了自己的回应。其中，有不少指导意见涉及输入不合格血液致害责任的举证责任，且规定也都不一样，本书将其分为三种模式："谁主张，谁举证"模式、"未明确血液不合格、输血与损害因果关系的举证责任主体"模式以及"举证责任倒置"模式。鉴于理论界对输入不合格血液致害责任性质的争议，下文对各法院指导意见中的一般医疗损害案件和医疗产品致害案件两种情形举证规则的规定进行讨论。

一、"谁主张，谁举证"

"谁主张，谁举证"规则即当事人对自己提出的主张提供证据并加以证明。体现在输入不合格血液致害责任中，即明确患者（主张权利被侵害）有义务举证损害、血液不合格及输血和损害存在因果关系。

（一）北京市高级人民法院《关于审理医疗损害赔偿纠纷案件若干问题的指导意见（试行）》

该指导意见[①]第10条第2款涉及不合格血液致害举证责任：因输入的血液是否合格引发的损害赔偿纠纷案件，由患者一方对血液不合格、损害结果、因果关系承担举证责任。该条款规定明确了患者的举证责任，与其一般医疗侵权患者举证责任及医疗产品责任受害人的举证责任完全一致，比上述《侵权责任法》的规定，更加重了受

① 2010年11月18日，京高法发〔2010〕第400号。

害人的举证责任。

（二）安徽省高级人民法院《关于审理医疗纠纷案件若干问题的指导意见》

安徽省高级人民法院先后发布过两个指导意见，都直接对输入不合格血液致害责任的举证规则作出了规定。

1. 2011 年的安徽省高级人民法院《关于审理医疗纠纷案件若干问题的指导意见》。[①] 指导意见第 9 条规定：医疗损害责任纠纷案件，患者应当举证证明双方之间存在医疗关系并发生医疗损害事实和损害后果，患者还应当提供医疗机构的医疗行为有过错的证据；医疗机构主张其医疗行为与损害后果之间不存在因果关系的，应提供相应证据证明。医疗损害责任纠纷案件，医疗机构应当对《侵权责任法》第 60 条规定的免责事由承担举证责任。医疗产品损害责任纠纷案件，由患者对医疗产品缺陷及损害事实负担举证责任。

该指导意见严格遵守“谁主张，谁举证”的规则，无论是对因果关系还是过错均无直接的推定。

2. 2015 年的安徽高级人民法院《关于审理医疗纠纷案件若干问题的指导意见》。[②] 该指导意见第 9 条规定：医疗损害责任纠纷案件，患者一方应当提供患者与医疗机构存在医疗关系，发生医疗损害结果以及医疗机构的诊疗行为有过错的证据。医疗机构主张其诊疗行为与损害结果之间不存在因果关系或存在法定免责事由的，应承担相应的举证责任。

医疗产品责任纠纷案件，由患者对医疗产品缺陷、损害结果及其因果关系承担举证责任。医疗机构主张其具有免责事由的，应承担相应的举证责任。

该指导意见虽然未明确输入不合格血液的性质，但无论其被归

① 2011 年 8 月 15 日，安徽省高级人民法院审判委员会第 17 次会议通过。

② 2015 年 1 月 20 日发布。

入一般医疗侵权还是医疗产品责任纠纷，都由受害人承担较重的举证责任。不同的是，医疗损害责任案件，要求原告证明医疗关系、损害结果与过错，没有明确提出存在因果关系，若医疗机构认为无因果关系，需自行证明。医疗产品的患者明确有举证缺陷、损害和因果关系的责任，比一般医疗侵权纠纷举证责任更重。

相比较2011年发布的指导意见，该指导意见对原告的举证责任的规定相对要严格。先前的指导意见均未要求一般医疗侵权责任或者医疗产品责任中的原告证明因果关系。

（三）广州市中级人民法院《医疗损害责任纠纷案件审理指引》

该审理指引[①]第14条规定了一般医疗损害责任纠纷的举证责任：患者依照《侵权责任法》第54条的规定主张医疗机构承担损害责任的，应当对下列事实承担举证责任：患者到医疗机构就诊的事实；患者有损害；医疗机构及其医务人员有过错或者存在《侵权责任法》第58条规定的情形之一；过错行为与患者损害之间存在因果关系。

该审理指引第18条规定了医疗产品责任的举证责任：患者依照《侵权责任法》第59条的规定主张医疗机构、药品、消毒药剂、医疗器械的生产者、销售者或者血液提供机构承担赔偿责任的，应当就下列事实承担举证责任：使用缺陷医疗产品或者输入不合格血液的事实；患者有损害；使用缺陷医疗产品或者输入不合格血液与患者损害具有因果关系。

医疗机构、医疗产品的生产者、销售者或者血液提供机构抗辩医疗产品不存在缺陷或者血液合格的，应当承担举证责任。医疗产品的生产者或者血液提供机构抗辩存在《产品质量法》第41条第2款规定的情形的，应当承担举证责任。

该审理指引明确将输入不合格血液责任纳入医疗产品行列，适用产品责任的所有规则，受害人负有证明血液不合格、损害、血液不

① 2015年1月26日发布。

合格与损害存在因果关系的义务。

二、未明确血液不合格、输血与损害因果关系的举证责任主体

有些法院并未对血液不合格、输血与损害存在因果关系作出明确说明,患者和医疗机构均可对此作出证明,法院根据证据状况进行综合判断。

(一)浙江省高级人民法院的规定

1.2010 年的浙江省高级人民法院《关于审理医疗纠纷案件若干问题的意见(试行)》。[①] 其第 7 条规定:患者一方起诉请求医疗机构承担侵权责任的,应举证证明患者到该医疗机构就医(包括隐名就医)、就医后发生损害的事实,并提供医疗机构的医疗行为有过错的初步证据。医疗机构认为其医疗行为与损害后果之间不存在因果关系、没有过错的,应提供相应证据。

该意见未要求原告证明因果关系,只要求其提供过错的初步证据,而医院认为不存在因果关系和过错的,应该证明。但若医院不对此进行举证,原告提出过错的初步证据是否可以认定医疗机构的过错并不清楚。

2.2014 年的浙江省高级人民法院《关于依法审理医疗纠纷案件促进和谐医患关系的意见》。[②] 该意见第 7 条指出,患者一方请求医疗机构承担侵权责任,依法应提供医疗机构及其医务人员有过错的初步证据。当事人一方采取伪造、篡改、涂改等方式改变病历资料内容,或者遗失、销毁、抢夺病历,致使医疗行为与损害后果之间的因果

---

① 为妥善审理医疗纠纷案件,依据我国《民法通则》《侵权责任法》《合同法》及相关法律、法规、司法解释的规定,结合浙江省审判实际,制定本意见。浙江省高级人民法院 2010 年 9 月 13 日召开新闻发布会,公布《关于审理医疗纠纷案件若干问题的意见(试行)》。另外,浙江省高级人民法院从 2009 年开始,就对“医疗纠纷案件的法律适用”课题进行重点调研,并起草了意见稿,又以多种形式、多次征求各级法院、相关部门、当事人代表以及专家学者的意见建议,十易其稿。该意见强调依法维护、合理平衡双方诉讼权益。

② 2014 年 1 月 7 日发布。

关系或医疗机构及其医务人员的过错无法认定的，应由该方当事人承担相应的不利法律后果。

浙江省的两则意见都未明确将证明输入不合格血液与损害之间的因果关系明确赋予受害人，受害人负有举证医疗机构或医疗人员有过错的初步证据即可，医疗行为与损害结果之间的因果关系要依据其他证据综合认定。

（二）湖北省高级人民法院《关于审理医疗损害责任纠纷案件若干问题的意见》

该意见[①]第11条第2款规定：因输入不合格的血液造成患者损害的，患者应当对损害后果承担举证责任。医疗机构、血液提供机构认为输入的血液合格或者输血与损害后果之间不存在因果关系的，或者存在法律规定的免责事由的，应当承担举证责任。

该意见明确患者举证损害后果的责任，而医疗机构和血液提供机构要证明血液合格或输血与损害后果之间不存在因果关系，这与《证据规定》时代的情形并无本质差别。

（三）最高人民法院《关于审理医疗赔偿纠纷案件适用法律若干问题的规定》

该规定（征求意见稿）[②]第7条规定："赔偿权利人应当对下列事项承担举证责任：（一）就患者与医疗机构之间存在医疗关系；（二）损害事实；（三）实际损失及损失范围。"第8条规定："医疗机构应对下列事项承担举证责任：（一）医疗行为没有过错；（二）医疗行为与损害后果之间不存在因果关系；（三）医疗行为不是造成损害后果的唯一原因。"第10条第2款规定："因输入不合格的血液造成患

---

① 本意见自2013年11月23日起施行。本院鄂高法〔2009〕240号《湖北省高级人民法院关于审理医疗损害赔偿案件若干问题的指导意见（试行）》同时废止。关于输血致害举证责任，两个指导意见是一致的。

② 最高人民法院《关于审理医疗损害责任纠纷案件适用法律若干问题的解释（征求意见稿）》（最晚发布于网上的2011年版），根据《民法通则》《侵权责任法》《民事诉讼法》等法律规定，结合民事审判实际，就有关适用法律问题作出的解释。

者损害的,患者一方应当对损害后果承担举证责任。医疗机构、血液提供机构认为输入的血液合格或者输血与损害后果之间不存在因果关系的,应当承担举证责任。”

最高人民法院的规定并不明确要求患者对损害与血液不合格之间的因果关系进行证明,同时要求医疗机构、血液提供机构对血液合格、输血与损害不存在因果关系提供证明,与湖北省高院和浙江省高院对输血致害举证责任义务的分配基本一致。

三、举证责任倒置规则

(一)济南市中级人民法院《关于医疗纠纷、道路交通事故损害赔偿纠纷案件法律适用研讨会纪要》

该纪要[①]第7条规定:医疗侵权损害赔偿案件中的当事人的举证责任,应根据最高人民法院《关于民事诉讼证据的若干规定》(以下简称《若干规定》)之规定予以分配。原告应对医疗行为、损害后果的存在以及损害后果的程度负举证责任,被告应对医疗行为无过失、医疗行为与损害后果间无因果关系负举证责任。第12条规定:因使用医疗设备、医疗器械、药物、血液制品等侵权案件,应由医疗机构就医疗设备、医疗器械无缺陷,药物、血液制品等符合法定标准及不存在因果关系承担举证责任。

该纪要对一般医疗侵权的举证责任与医疗设备、医疗器械、药物、血液制品致害的举证责任作出区分,但都明确了医疗机构对无过失、产品合格及无因果关系的证明责任。其虽未提及输血致害的举证责任分配,但输血致害不会超出上述一般医疗侵权和医疗产品侵权的范畴,输血致害的举证责任也不会有本质区别。

---

① 2009年8月22日发布。

（二）新疆维吾尔自治区高级人民法院《关于审理医疗损害赔偿案件若干问题的指导意见（试行）》

该指导意见[①]第5条规定：确属因医疗行为引起的侵权损害赔偿案件，无论是否构成医疗事故，举证责任一般应按照最高人民法院《若干规定》（法释〔2001〕33号）第4条第8项的规定进行分配，即由医疗机构就医疗行为与损害结果之间不存在因果关系及不存在医疗过错承担举证责任；患者一方能够举证证明医疗机构违反法律、法规、规章以及诊疗护理规范、医疗常规，或者能够证明医疗机构存在过错和医疗行为与损害结果之间存在因果关系的，也可以由患者一方举证证明。

该指导意见未明确输入不合格血液致害的举证责任分配，只提到"因医疗行为引起的侵权损害赔偿"依据《证据规定》分配举证责任，输血致害的举证规则也只能参考适用同样规则。

（三）江苏省高级人民法院《侵权损害赔偿案件审理指南2010》

该审理指南"医疗损害责任"第3项"医疗机构的不真正连带责任"承认血液致害属于产品责任，但作为医疗用品的使用者，医疗机构具有普通患者所不具备的专业知识、技能，较普通患者有能力验明医疗用品是否存在缺陷，因此应承担责任。

据此审理指南，基于医疗机构相较于患者的专业性，不合格血液致害责任中，应由医疗机构对"血液是否合格"承担举证责任。

另外，石家庄市中级人民法院《民事审判指导意见之四——关于医疗损害赔偿纠纷案件》[②]规定，要按照《民事诉讼证据规则》的规定，加重医疗机构的举证责任，其虽未明示如何加重，但其指导思想定会对该法院判决医疗损害赔偿纠纷（包括输入不合格血液致害）

---

① 新高法〔2011〕156号。为了正确审理医疗损害赔偿案件，根据我国《侵权责任法》《民法通则》的规定，参照最高人民法院《关于审理人身损害赔偿案件适用法律若干问题的解释》《关于民事诉讼证据的若干规定》，制定本意见。

② 2011年7月6日发布。

案件产生实质性影响。

四、《侵权责任法》实施前夕相关法院的状况

《侵权责任法》实施前不久,江西省高级人民法院和云南省高级人民法院也都颁布了对医疗损害纠纷案件的指导意见,该意见仍在相关法院产生影响,法院至今未再颁布新的指导意见。因此,该些意见对研究《侵权责任法》实施后司法实践对输血致害举证责任的态度也有重要参考意义。

江西省高级人民法院《关于审理医疗损害赔偿纠纷案件若干问题的指导意见》。该指导意见①第 9 条规定:"医疗损害赔偿纠纷案件中,患方应证明如下事实:医患双方之间存在医疗关系;医方实施了医疗行为;发生了损害结果;有具体的损失内容。"第 11 条规定:医疗损害赔偿纠纷中,医方应就如下事项承担举证责任:对患者实施的医疗行为不存在过错;医疗行为与患方主张的损害结果之间不存在因果关系。

云南省高级人民法院《关于审理人身损害赔偿案件若干问题的会议纪要》②"关于医疗损害赔偿纠纷案件的法律适用问题"第 3 条规定:在医疗损害赔偿纠纷中,患者一方应证明其与医疗机构之间存在医疗关系并发生医疗损害。医疗机构应就医疗行为与损害后果之间不存在因果关系及不存在医疗过错承担举证责任,交费单、挂号单等诊疗凭证及病历、住院证明、出院证明等证据可以证明医疗关系存在,患者一方不能提供上述证据,但有其他证据证明存在医疗行为的,可以认定存在医疗关系。

江西省高级人民法院和云南省高级人民法院的指导意见和会议纪要都未明确输入不合格血液致害的举证责任,但都规定了一般医疗侵权责任中,医疗机构有义务证明医疗行为与损害后果之间不存

---

① 2009 年 9 月 10 日江西省高级人民法院审判委员会第二十四次会议通过。

② 2009 年 8 月 1 日开始施行。

在因果关系和不存在医疗过错，秉承了《证据规定》关于医疗侵权举证责任的分配意旨。

五、各种模式的比较和分析

客观地讲，上述三种模式存在较大的区别，从患者举证责任的角度而言，患者举证的难度从模式一至模式三是依次降低。笔者将各种模式具体情况集中于表13：

表13

法院	名称	时间	输血致害举证规则
北京市高级人民法院	《关于审理医疗损害赔偿纠纷案件若干问题的指导意见（试行）》	2010年11月18日	输入血液的患者：血液不合格、损害结果、因果关系
安徽省高级人民法院	《关于审理医疗纠纷案件若干问题的指导意见》	2015年1月20日	医疗损害纠纷患者：医疗关系、损害结果和过错；医疗产品受害人：医疗产品缺陷、损害结果及因果关系
广州市中院	《医疗损害责任纠纷案件审理指引》	2015年1月26日	患者：血液不合格；损害；输入不合格血液与损害有因果关系
浙江省高级人民法院	《关于审理医疗纠纷案件若干问题的意见（试行）》	《侵权责任法》后	患者：医疗机构就医、损害事实、医疗行为有过错的初步证据
湖北省高级人民法院	《关于审理医疗损害责任纠纷案件若干问题的意见》	2013年11月23日	输血患者：损害后果。医疗机构、血液提供机构认为血液合格或者输血与损害后果不存在因果关系，承担举证责任

续表

法院	名称	时间	输血致害举证规则
最高人民法院	《关于审理医疗损害责任纠纷案件适用法律若干问题的解释》(征求意见稿)	《侵权责任法》后	输血患者:损害后果。医疗机构、血液提供机构认为输入血液合格或者输血与损害后果不存在因果关系,承担举证责任
济南市中院	《关于医疗纠纷、道路交通事故损害赔偿纠纷案件法律适用研讨会纪要》	2012年3月21日	医疗机构:医疗设备、医疗器械无缺陷,药物、血液制品等符合法定标准及不存在因果关系
新疆维吾尔自治区高级人民法院	《关于审理医疗损害赔偿案件若干问题的指导意见(试行)》	《侵权责任法》后	医疗机构:医疗行为与损害结果无因果关系及不存在医疗过错
石家庄市中院	《民事审判指导意见之四:医疗损害赔偿纠纷案件》	2011年7月6日	按照民事诉讼证据规则的规定,加重医疗机构的举证责任
江苏省高级人民法院	《侵权损害赔偿案件审理指南2010》	《侵权责任法》后	医疗机构证明血液合格
江西省高级人民法院	《关于审理医疗损害赔偿纠纷案件若干问题的指导意见》	2009年9月10日	患者:医疗关系、医疗行为、损害结果、损失内容。医方:医疗行为无过错;医疗行为与损害结果无因果关系
云南省高级人民法院	《关于审理人身损害赔偿案件若干问题的会议纪要》	2009年8月1日	患者:医疗关系、损害。医疗机构:医疗行为与损害后果无因果关系及无过错

模式一包括北京市高级人民法院、安徽省高级人民法院和广东省高级人民法院;模式二包括浙江省高级人民法院、湖北省高级人民法院和最高人民法院;模式三包括济南市中级人民法院、新疆维吾尔自治区高级人民法院、石家庄中级人民法院、江苏省高级人民法院以及《侵权责任法》实施前的江西省高级人民法院、云南省高级人民法院。模式三中的最后两者属《侵权责任法》实施前两年颁布,该省高级人民法院在《侵权责任法》实施后,也未再颁布医疗赔偿纠纷的审判指导意见,故也具有较大的参考意义。

模式一中明确输血患者有义务举证损害后果、血液不合格、输血与损害有因果关系;模式二属于中间派,患者有义务举证损害后果,但医疗机构若认为无过错和因果关系,要负举证责任;模式三则是明确采纳举证责任倒置规则,医疗机构要证明医疗行为与损害结果无因果关系及不存在医疗过错。模式一与模式三对患者和医疗机构举证规则的规定是很明确的,但模式二的规定并不明确,未明确是患者还是医疗机构或血液中心对血液不合格及因果关系负有举证义务,只规定医疗机构或血液中心认为不存在因果关系时要进行举证,这导致通过鉴定得出关于因果关系的不利结论时,由谁承担不利后果并不清楚。这最后成为法官自由裁量的范畴,导致判决结果更大的不确定性。

法院的各种规定对输入不合格血液作出了规定,与标本案例的统计一样,包括了"谁主张,谁举证"、举证责任倒置和不明确举证责任主体时法院综合判断这些规则。毫不夸张地讲,在输血感染病毒侵权责任中,谁有义务证明因果关系和过错,谁几乎就承担了败诉的最大风险。在医疗机构和血液提供机构有义务举证因果关系和过错的案例中,仅有很少数的案例是医疗机构或者血液提供机构能够证明血液合格或行为无过错。《侵权责任法》实施前有10.4%案例的医疗机构和血液提供机构举证成功,原告败诉,《侵权责任法》实施后有3.2%案例的医疗机构和血液提供机构举证成功,原告败诉。

第四节　司法缘何未服从立法目的

针对《侵权责任法》医疗侵权举证规则的变化，无论是学者“《侵权责任法》对此的规定是合理的，患者应对包括过错及因果关系在内的要件事实负证明责任”[①]这样肯定的论述，还是笔者“《侵权责任法》是对举证责任倒置规则的弱化”的观点，都表明举证责任倒置规则影响的弱化。而笔者上文的统计数据显示，《侵权责任法》对司法实践中举证责任倒置规则的适用并无实质性影响。到底是法院对《侵权责任法》的规定熟视无睹，还是另有缘由？

一、《侵权责任法》条文设置之漏洞所致

《侵权责任法》涉及医疗侵权举证责任的条文是第 54 条和第 58 条。前者未明确举证责任的问题，后者则明确过错推定的情形。

首先，关于《侵权责任法》第 54 条。其虽重申医疗侵权过错责任，但未明确医疗行为与损害结果存在因果关系以及医疗行为有过错之证明责任的分配，而恰好是对因果关系与过错的举证进行规制的缺失，给司法实践沿用《证据规定》第 4 条第 8 项留下了自由裁量的空间。我国立法并未明确法官的自由裁量权，司法实践中的自由裁量权要么形同虚设，要么滥用权利。但《证据规定》第 7 条曾规定：“在法律没有具体规定，依本规定及其他司法解释无法确定举证责任承担时，人民法院可以根据公平原则和诚实信用原则，综合当事人的证明能力等因素确定举证责任的承担。”这是我国法律中可以找到的关于法官自由裁量权的唯一依据，因《侵权责任法》未明确因

---

① 胡学军：《解读无人领会的语言——医疗侵权诉讼举证责任分配规则评析》，载《法律科学》2011 年第 3 期。

果关系的举证,法官可以根据案情对此举证责任进行恰当的分配。

其次,关于《侵权责任法》第58条。该条明确规定了3种推定过错的情形,其第一种情形"违反法律、行政法规、规章以及其他有关诊疗规范的规定",[①]恰好更适合在输血领域适用。主要是因为判定所输血液是否合格,很大程度上取决于血液中心、医疗机构采血、输血的过程是否依据国家对采血、输血等的相关规定进行,如是否对献血者核实身份并进行病毒检测、是否保存献血者资料、是否依据《血液制品管理条例》保存血液等。输血致害及证明所输血液是否合格的特殊性决定了第58条第1款适用的合理性,而该领域该条款的适用即是举证责任倒置规则的适用。虽然有学者提出过错推定与举证责任倒置存在区别,[②]但在司法实践中,医疗机构或血液中心违反法律规定采血、输血几乎成为其有过错的当然证据。

学界一致认可的是,适用举证责任倒置规则必须有法律的明确规定,王利明教授曾总结的适用举证责任倒置的4个要件,其中"有明确的法律依据"是首要要件。[③] 而第58条恰好为举证责任倒置提

① 目前我国已经颁布的医疗卫生管理方面的法律、行政法规主要有:《执业医师法》《传染病防治法》及其实施办法、《母婴保健法》及其实施办法、《献血法》《职业病防治法》《药品管理法》《血液制品管理条例》《医疗机构管理条例》。诊疗规范主要有:《临床输血技术规范》《社区卫生服务中心中医药服务管理基本规范》《城市社区卫生服务中心基本标准》《医用氧舱临床适用案例技术要求》《综合医院康复医学科管理规范》《药物临床试验质量管理规范》《病历书写基本规范》《医疗技术临床应用管理办法》等。

② 举证责任倒置是举证责任分配的例外原则,而过错推定涉及归责原则(无论其是否为独立归责原则)。"过错推定都要通过举证责任倒置的方式来实现,故举证责任倒置是过错推定的重要特征。"参见王利明:《论过错推定》,载《政法论坛》1991年第5期。

③ 适用举证责任倒置的要件包括:"必须要有明确的法律依据;原告就某种事由的证明出现举证障碍;根据案件的具体需要,确有必要保护受害人的利益;被告就某种事由的存在与否具有证明的可能性。"请参见王利明:《论举证责任倒置的若干问题》,载《广东社会科学》2003年第1期。

供了“法律”层面的依据，而不仅是司法解释[①]层面的依据。

因此，被告有第58条规定的情形时，此处的过错推定自然成为举证责任倒置；在没有第58条规定的情形时，法官会利用第54条对因果关系举证责任规定的缺失进行“自由裁量”。二者给法官适用“举证责任倒置”提供了立法依据。

二、我国法律规范性文件效力和位阶的混乱所致

根据《立法法》，我国法律体系包括法律、行政法规、地方性法规、自治条例和单行条例、规章，还包括法律解释等。虽然各个位阶“法”的效力都有明确规定，但时常出现对同一事项重复规定而无法确定优先性的问题。但我国还有一种被法官奉为“圭臬”的“法”，即司法解释，某种程度上，各种司法解释加剧了我国法律规范性文件的混乱，在输血感染病毒侵权责任领域同样如此。

首先，关于司法解释。《立法法》并未涉及司法解释，依据我国法律体系，司法机关也无立法功能。司法解释产生的依据是《人民法院组织法》，该法第32条规定：“最高人民法院对于在审判过程中如何具体应用法律、法令的问题，进行解释。”但对于最高人民法院的“解释”的效力，却是最高人民法院于2007年颁布的《最高人民法院发布关于司法解释工作的规定》第5条[②]自封。《证据规定》是最高人民法院颁布的司法解释，依据最高人民法院的相关规定，其规定的第4条第8项是有“法律效力”的。

其次，关于《侵权责任法》。该法是全国人大常委会颁布的基本法律，其有权依据《立法法》对民事侵权举证责任这一“民事基本制

---

① 有不少学者对司法解释的效力提出了质疑，相关不同观点，请参见杨元海：《论我国司法解释的法律地位与效力》，载《辽东学院学报》2005年第5期；张三宝：《最高人民法院司法解释的法律效力问题——论法发〔2007〕12号第五条的合法性》，载《信阳农业高等专科学校学报》2007年第3期。

② 最高人民法院《发布关于司法解释工作的规定》第5条规定：最高人民法院发布的司法解释，具有法律效力。

度”作出规定。《侵权责任法》对医疗侵权责任的举证规则作出规定，是完全合法的。

最后，司法解释与法律出现冲突。《立法法》第83条、第85条和第86条对法律、法规、规章出现不一致时作出了规定。当法律规范由同一机构作出时依据特别法优于一般法、新法优于旧法的原则予以解决，法律效力高于法规和规章等。因为该法未规定司法解释，自然无法涉及司法解释与其他规范性法律文件发生冲突时的处理原则。

一方面，依据《立法法》第8条，诉讼制度只能由立法加以调整。“最高人民法院出台的《民事诉讼证据规则》对《民事诉讼法》和《民法通则》及《医疗事故处理条例》均没有规定的医疗侵权案件作出举证责任倒置的规定，显然超出了法律解释的范畴，似有立法之嫌”。[①] 也就是说，《证据规定》确实超出了其应该规定的事项范畴，并不合法。

但另一方面，司法解释在我国法律适用中具有极大的特殊性。不管法律、行政法规等如何规定，法官视其为审判的法宝，除了最高人民法院，其他机构并无权利废止司法解释。依据《最高人民法院发布关于司法解释工作的规定》第30条，[②]最高人民法院有权决定司法解释的修改和废止。

故迫于无奈的现实，“《侵权责任法》作为全国人大常委会制定的一部法律，其条文不能对早先出台的司法解释直接进行修改或废止，《侵权责任法》的颁行并不影响最高人民法院《证据规定》的施行与效力，其依然是司法实践中法官分配医患双方举证责任时所要援

---

① 陈明国：《论医疗侵权纠纷案件的举证责任》，载《西南政法大学学报》2006年第5期。

② 第30条规定：司法解释需要修改、废止的，参照司法解释制定程序的相关规定办理，由审判委员会讨论决定。

引的重要法律依据”。[①] 因为最高人民法院至今还未废止《证据规定》的适用，其依然具有法律效力。

三、采血、输血的专业性和输血致害的严重性所致

采血、输血的专业性增加了输入不合格血液判定的难度，再加上输血致害的严重性，举证责任正置难以满足输血感染病毒侵权责任领域实质正义的需求，因为举证责任正置很可能导致受害人诉讼请求的全军覆没。

首先，采血、输血行为具有较高的专业性，血液属一次性消费品，患者难以知悉某些医疗行为的意义或危害，也无法在接受治疗时记录医方行为，且病历也由医方掌握，即证明医疗机构和血液中心是否有过错的证据并不在患者手里，正所谓“巧妇难为无米之炊”，除非对方有特别明显的医疗过错，原告能够举证的机会很少。[②]

其次，输血感染病毒的严重性使法院更倾向于原告。虽依法律，同情不能成为判决依据，甚至不能对判决产生影响，但却成为法官平衡利益需要考量的因素。在输血致害领域，原告的伤害通常都是不可恢复性疾病，如丙肝和艾滋病，不仅病情严重，且一旦感染，可能无法治愈。而原告任何情况下都并无任何过错，不管被告有无过错，让

---

① 陈秉喆：《侵权责任法背景下再议医疗侵权适用举证责任倒置》，载《中国卫生法制》2010 年第 5 期。

② 为了解决原告“无米之炊”的困境，有学者提出证明责任与提供证据的责任的区别：“证明责任完全归患者承担曾造成患者接近司法的困难，而证明责任倒置给医方又会恶化医患关系并影响医学的健康发展。此处‘举证责任’所指实为行为责任或提供证据的责任，而并非事实真伪不明时的败诉风险负担意义上的证明责任。但在医疗侵权等条文的具体规定中，举证责任指的就是行为意义上的提供证据加以证明的责任，患方负证明责任而医疗机构应对过错及因果关系事实负提供证据责任并不产生逻辑矛盾。”（参见胡学军：《解读无人领会的语言——医疗侵权诉讼举证责任分配规则评析》，载《法律科学》2011 年第 3 期）依此观点，原告承担证明责任，医疗机构和血液中心有提供证据材料的责任。该观点似乎可以解决原告的困境，但其对提供证据的责任并无制约，这只会导致提供证据责任方的消极配合甚至是不配合，从常理上来讲，被告不愿意也没有义务“帮”原告来证明自己行为有过错，对缓解原告举证困难无济于事。

原告自行承担危及生命的损害绝对有失公平。故有不少法院在被告无过错时让被告依据公平责任补偿责任,主要是因为即便被告无过错也不能让无辜的原告承受这一损害的损失。

因此,鉴于血液的特殊性和输血致害的严重性,举证责任倒置需要在其中发挥平衡作用。从本书标本案例的数据统计来看,输血感染病毒侵权责任比一般医疗侵权责任更需要举证责任倒置,相关数据显示,输血感染病毒侵权责任中原告的胜诉更大程度上取决于举证规则,更确切地讲取决于举证责任倒置,而非归责原则,更确切地讲并非无过错责任原则。举证责任倒置的核心之一是举证因果关系的倒置。根据医学知识,感染病毒的途径不只是输血,故无法获赔的受害人多是无法证明因果关系及其唯一性,且受害人承担举证不能的不利后果。虽然输血感染病毒侵权责任中的因果关系多是通过鉴定来确定,但无法确定因果关系时的不利后果由谁承担就取决于谁有举证因果关系的义务。为什么由否认负赔偿责任的一方当事人承担举证责任要比主张损害赔偿请求权的对方当事人承担举证责任更为公平呢?这至少有以下四个方面的理由:首先,加害方有能力分散损失;其次,有利于抑制加害行为;再次,有利于抑制损害的发生;最后,受害人距离证据远而加害人离证据近。

另外,就立法现象而言,2002 年颁布的《证据规定》明确医疗纠纷的举证责任倒置,再至《侵权责任法》对举证责任倒置的弱化,可谓一波三折。而在司法领域,无论是《证据规定》实施前和实施后,还是《侵权责任法》实施后,都有法院采纳举证责任倒置规则,这说明举证责任倒置在医疗纠纷领域的重要性和必要性。

四、立法条文之制定未充分考虑司法实践对类案的态度

在大陆法系国家,虽然立法是法院判决的依据,但“司法裁决具有终局解决纠纷的属性,即当事人不得就生效之司法裁决再诉诸公权力予以争辩。在这个意义上,司法案例对其所涉法律规范的运用就最为显著地反映了民事规范、制度的实际运作状况,由其提出的问

题也最具规范意义”。[①] 对输血致害纠纷举证规则的态度所形成的“判例法”，在大陆法系法律框架中，当然无法与《侵权责任法》的立法规定相提并论。但近些年大陆法系各国对司法案例的重视，使案例在法律体系中发挥着越来越重要的作用，我国最高人民法院还建立了案例指导制度。[②]

司法判决绝不应该是立法的附属品，它不仅给立法提供立法素材，还能够检验立法是否得当，是否具有可操作性。即便立法再完美，若司法实践难以操作，或现实使其遇挫，立法只能成为摆设。制定法通常有“缺乏周延性、缺乏具体性、缺乏应变性”等缺陷。[③] 而唯一能够让立法和司法距离更近的方法即立法前对司法实践的调查和研究。完全无视司法实践的主流判决，只是一厢情愿地让法院遵守的立法并不见得就是良法，司法实践中形成的“判例法”理应在立法条文的形成、适用及解释中发挥更大的作用。

《侵权责任法》实施前输血感染病毒侵权责任领域明确适用举证责任倒置规则的案例占有 60.4%，已经占有绝对多数，立法机关理应在立法时对此加以参考，况且举证责任倒置规则也未造成当事人实质正义和程序正义的严重不公。而某种程度上，立法者意图弱化举证责任倒置规则影响的立法意图，并未充分考虑战斗在法律适用第一线的法官之意见，这是导致立法意图和实践效果有较大差距的重要原因。

鉴于以上原因，无论立法如何变迁，法院依旧在输血致害领域维

---

① 张家勇：《探索司法案例研究的运作方法》，载《法学研究》2012 年第 1 期。

② 2005 年 10 月 26 日，最高人民法院发布《人民法院第二个五年改革纲要（2004～2008）》提出 50 项改革任务和改革措施，第 13 项提出：“建立和完善案例指导制度，重视指导性案例在统一法律适用标准、指导下级法院审判工作、丰富和发展法学理论等方面的作用。最高人民法院制定关于案例指导制度的规范性文件，规定指导性案例的编选标准、编选程序、发布方式、指导规则等。”这是我国最高人民法院第一次以正式文件的形式向国内外发出的有关案例指导制度的改革意见。

③ 参见刘作翔、徐景和：《案例指导制度的理论基础》，载《法学研究》2006 年第 3 期。

持着较高的原告胜诉率,依旧维持着举证责任倒置规则一定的采纳率。这主要由《侵权责任法》立法条文本身的不严密、未充分考虑司法实践的态度及法律规范性文件效力位阶的混乱、输血致害的特性及严重性所致。

综上,鉴于举证责任倒置对原告能否胜诉的决定性影响,《侵权责任法》对举证责任倒置规则的弱化,是对医患利益平衡的重新分配。《侵权责任法》实施后,那些没有采纳举证责任倒置规则的法院,并非是因为《侵权责任法》对举证责任规则态度的变化而不采纳,多数是《侵权责任法》实施前就未采纳举证责任倒置规则的法院。无论在《证据规定》实施前还是实施后,抑或是《侵权责任法》实施后,举证责任倒置规则在输血致害责任司法实践中始终有自己的一席之地。法院对原有秩序和原有规则的坚守,并不只是思维的惯性,其对举证责任倒置规则本身有着自己的价值判断和取向。

尽管举证责任倒置给医生的诊疗行为带来了积极影响,但也给医生带来了较大的心理压力,而仅通过比较一项制度的优劣来决定其存废不会得出有说服力的结论,因为任何事物都如同硬币一样存在两面性,我们无法用经济学的方法严密地计算出优劣的比例,无论我们站在何种立场,我们总能找出几条理由来说服自己,而数据统计显示的事实是举证责任倒置规则的确提高了原告的胜诉率。

针对司法与立法的不一致,特别是司法实践对原来秩序规则的固守,《侵权责任法》相关法律解释应明确推定过错适用范畴和推定因果关系适用范畴。标本案例表明,输血致害责任领域的推定因果关系总与推定过错紧密相连,除无过错输血的情况,很少有医院或血液中心采血、输血行为有过错而又不构成感染病毒因果关系的情况,以及只有因果关系而无过错的情况。笔者认为,在可预见的将来,输血致害责任举证责任倒置规则仍会保持其旺盛的生命力,“《侵权责任法》已经取消医疗领域举证责任倒置规则”“医疗领域举证责任应向举证责任正置发展”“举证责任倒置既得不到医生也得不到患者支持、应退出历史舞台”等观点都未免有些乐观甚至武断。

第四章　输血感染病毒侵权责任发展风险抗辩

世界上至今没有一种试剂能绝对无误地对血液中的一些病毒进行有效的筛选，血液中存在已知或未知病毒在事实上将永不可避免。这就涉及当血液中存在病毒致害时，发展风险抗辩是否发挥作用的问题。发展风险抗辩是指行为人对当时的科学技术所不能发现的产品缺陷致害或风险致害不负赔偿责任的抗辩，其在产品责任和医疗侵权责任中较为典型。医疗侵权领域的发展风险抗辩通常指“医疗技术发展风险抗辩”。“医疗技术发展风险抗辩：是指医务人员在运用现代医疗技术进行诊疗过程中，由于现有科学技术水平，无法预见或虽预见但又无法克服、无法避免的技术缺陷而对患者产生的风险，对这种风险医方可以主张免责。”①

我国《侵权责任法》第 59 条并未直接规定发展风险抗辩，但对该条文的不同解释，直接关系发展风险抗辩在输血感染病毒侵权责任中的适用。王利明教授提出，根据第 59 条规定，“即便在现有科学技术的条件下医疗机构无法完全检测出血液是否合格，因漏检导致血液不合格以后，医疗机构也要对损害后果承担责任，这实际上是在血液不合格致人损害的情况下否定了发展风险抗辩”。② 杨立新

① 李大平、白海荣：《医疗技术发展风险抗辩》，载《法律与医学杂志》2002 年第 2 期。

② 王利明著：《侵权责任法研究》（下卷），中国人民大学出版社 2011 年版，第 265 页。

教授、[1]冉克平教授[2]也持有同样观点。笔者认为,不能简单地从第59条的文义推断出血液不合格致害排除发展风险抗辩的适用。《侵权责任法》未规定产品责任抗辩事由,王利明教授同样认为:"《产品质量法》第41条规定的免责事由应当优先适用。"[3]在一般产品均可适用《产品质量法》第41条第2款第3项"发展风险抗辩"[4]的情况下,第59条的医疗产品特别是不合格血液致害,医疗机构或者血液中心是否有权提出该抗辩?在原告依据医疗侵权提起诉讼时,被告是否有权提出医疗技术发展风险抗辩?输入不合格血液致害的司法实践对发展风险抗辩持何种态度?输血风险同意书是否会对此产生影响?这都是本章要回答的问题。[5]

第一节　输血感染病毒侵权责任发展风险抗辩的数据统计

输血感染病毒侵权责任中,涉及发展风险抗辩权衡的案例分为两种类型。第一种类型是:法规要求导致的发展风险抗辩。美国国

---

① 参见杨立新、杨震:《有关产品责任案例的中国法适用》,载《北方法学》2013年第5期。

② 参见冉克平著:《产品责任理论与判例研究》,北京大学出版社2014年版,第292页。

③ 王利明著:《侵权责任法研究》(下卷),中国人民大学出版社2011年版,第265页。

④ 《产品质量法》第41条第2款第3项规定:将产品投入流通时的科学技术水平尚不能发现缺陷存在的,生产者不承担赔偿责任。

⑤ 发展风险抗辩具体适用的情形是难题之一,如当缺陷或风险是知晓的,但其发生率却无法预知和发现时,是否应该适用发展风险抗辩,本书不再详细阐述,具体内容请参见C. J. Miller & R. S. Goldberg, *Product Liability* (Second Edition), Oxford University Press, 2004, pp. 527 - 528。

立卫生研究院的科学家首次于1989年发现丙肝病毒,我国卫生部于1993年通过的《血站基本标准》[①]附件2"供血者健康检查标准"规定了供血者化验标准,其中第5项要求丙型肝炎病毒(HCV抗体)呈阴性,即对供血者必须进行丙肝病毒抗体检测。接下来的问题是,1993年7月1日以前因输血感染丙肝病毒的受害人是否会因为《血站基本标准》的实施而无法获得救济呢?这取决于法院对发展风险抗辩的态度。第二种类型是:医学上的窗口期导致的发展风险抗辩。当下医学界的病毒抗体试剂都不能做到100%检测出病毒,故在医学上存在窗口期的问题,即当献血者携带病毒但仍处于窗口期时,检测病毒抗体的试剂并不能检测出病毒抗体,此时提供的血液实际上是有病毒的血液。第一种情况因当时技术的局限性不能检测出病毒而产生,其受害人数量有限;第二种情况是至今都无法克服的医学技术所致,在病毒抗体试剂无法100%检测出病毒的情况下,受害人会不断出现,损害和纠纷都将持续下去,对该种纠纷的救济问题将是法律界和医学界长期面临的共同难题。

一、"法律规定"导致的发展风险抗辩

在224个标本案例中,原则上输血行为发生于1993年7月1日之前的案件都会涉及发展风险抗辩的问题。在这些案例中,有些案例因为其他原因或者被驳回,或者不支持原告请求,并未涉及发展风险抗辩;[②]有些案例则明确涉及发展风险抗辩,但法院对该抗辩持有

---

① 1993年2月17日卫医法〔1993〕第2号文,该标准于1993年7月1日实施。

② 这些案例包括:刘某与石家庄市第四医院、河北省血液中心案[河北省石家庄市长安区人民法院民事判决书(2011)长民初字第2092号];张某与徐州市红十字血液中心、徐州矿务集团第一医院案[江苏省高级人民法院(2013)苏审二民申字第767号];陈某与中南大学某某医院案[湖南省长沙市芙蓉区人民法院民事判决书(2010)芙民初字第419号];马某与山东省夏津县人民医院案[山东省德州市中级人民法院民事判决书(2013)德中民终字第337号];刘某与天津医科大学总医院、天津医院案[天津市和平区人民法院民事判决书(2014)和民一初字第0336号]。

不同观点，下面数据统计只包括1993年7月1日之前且明确涉及发展风险抗辩的案例。

表14

对待发展风险抗辩的态度	数量和百分比	判决结果	数量和百分比
认可发展风险抗辩	20(8.9%)	胜诉	0
		败诉	15(6.7%)
		补偿	5(2.2%)
不认可发展风险抗辩	14(6.3%)	胜诉	14(6.3%)
总计	34(15.2%)	胜诉	14(6.3%)
		败诉	15(6.7%)
		补偿	5(2.2%)

以上数据显示相关案例所占比例如下：1993年7月1日以前输血的案件中，明确表达对发展风险抗辩态度的案例数量为34件，占案例总数的15.2%。其中，认可发展风险抗辩的案例为20件，占案例总数的8.9%；不认可发展风险抗辩的案例为14件，占案例总数的6.3%。

在输血感染病毒侵权责任中，认可发展风险抗辩意味着被告无须对《血站基本标准》实施之前因未检测献血者的丙肝病毒抗体导致患者的损害负责任；不认可发展风险抗辩则相反，意味着即便在1993年7月1日之前，法律并未要求检测丙肝病毒抗体，血液中存在病毒导致损害的风险也不应该由原告来承担。在诉讼结果上，认可发展风险抗辩的直接结果是原告败诉，不认可发展风险抗辩的直接结果是原告胜诉。但无论是认可该抗辩还是不认可该抗辩，除了胜诉与败诉两个极端，都存在依据公平责任分担损失的情形。认可发展风险抗辩而适用公平责任的案例，主要是利用《血站基本标准》考察被告并无过错，是变相地认可发展风险抗辩。如姚某与驻马店市第一人民医院案[①]法院认为,“被告当时没有义务对所输入的血液进行丙肝病毒的检测,因此被告的行为不存在过错”。金某与河南大学淮河医院案[②]和郭某与洛阳市某医院[③]案都属于此种情况。

二、窗口期导致的发展风险抗辩

窗口期是人体感染病毒后到外周血液中能够检测出病毒抗体的这段时间。对于当下输血中的主要传染性病毒,窗口期的存在不可避免。窗口期的存在就导致无过错输血致害的情形,即血液中心和医疗机构已经按照法律规定尽到了相关职责,但因窗口期不可避免,仍使一些含有病毒的血液进入医院,并给患者输入。

表 15

类型	数量和百分比	判决结果	判决数量
窗口期导致的发展风险抗辩	7(3.1%)	胜诉	0
		补偿	5(2.2%)
		败诉	2(0.9%)
总计	7(3.1%)	胜诉	0
		补偿	5(2.2%)
		败诉	2(0.9%)

在明确窗口期的案例中,有 7 个案例明确认可发展风险抗辩,占案例总数的 3.1%,获得补偿的案例是 5 件,占案例总数的 2.2%,被驳回起诉的是 2 件案例,占案例总数的 0.9%。窗口期认可发展风险抗辩是说,法院认为血液中心和医院没有义务为窗口期的无过错输血负赔偿责任。血液中心和医疗机构均无过错时的输血致害,多

① 河南省驻马店市中级人民法院民事判决书(2010)驻民三终字第 486 号。
② 河南省开封市鼓楼区人民法院民事判决书(2010)鼓民初字第 660 号。
③ 河南省洛阳市中级人民法院民事判决书(2010)洛民终字第 1262 号。

数法院倾向于让被告依据公平责任承担补偿责任，少数法院让原告自行承担损失。

三、其他与发展风险抗辩有关的情形

以上案例的数据统计均是法院在判决中明确涉及发展风险抗辩的情形，但还有一些案例存在发展风险抗辩的元素，但并未实质性地提及或涉及发展风险抗辩。

第一种情况，有些法院将1993年7月1日开始实施的《血站基本标准》作为判定血液中心和医疗机构是否有过错的依据，实际上是变相地认可发展风险抗辩，只不过这些案例不存在适用发展风险抗辩的可能性。如党某与金某钼业集团有限公司职工总医院案①和王某与遂平县人民医院案②。

第二种情况，输血行为发生于1993年7月1日以前，但无论是当事人还是法院均未提到《血站基本标准》，故没有涉及发展风险抗辩。

第三种情况，被告提出了发展风险的抗辩，但是并未得到法院的支持，包某与石家庄市第一医院、河北省血液中心等案③即如此。

第四种情况，法院认可发展风险抗辩，但案件并不属涉及发展风险抗辩的情况，如袁某与徐州市中心医院、徐州市红十字血液中心案④和刘某与伊通满族自治县中医院、伊通满族自治县血站、伊通满族自治县第一人民医院案。⑤

从上面的数据统计可以看出，无论是法规导致适用发展风险抗辩的情形，还是窗口期导致适用发展风险抗辩的情形，除了不认可发展风险抗辩要求被告进行赔偿外，法院最倾向于适用的原则是公平

---

① 陕西省华县人民法院民事判决书(2009)华民初字第424号。

② 河南省驻马店市中级人民法院民事判决书(2011)驻民三终字第264号。

③ 河北省石家庄市中级人民法院民事判决书(2014)石民一终字第00229号。

④ 江苏省徐州市中级人民法院(2013)徐民终字第1957号和刘某案。

⑤ 吉林省伊通满族自治县人民法院民事判决书(1998)伊镇民初字第152号。

原则,让被告对受害人进行补偿。应该说,这代表了我国司法实践对待输血感染病毒侵权责任发展风险抗辩的态度。发展风险抗辩如何产生?我国司法实践对待发展风险抗辩的态度是否具有正当性?下文将试图回答以上问题。

第二节　产品责任发展风险抗辩和医疗技术发展风险抗辩

发展风险在产品责任领域和医疗领域是人类不可避免要面对的问题。科学技术的局限性和科学技术的不断进步使产品缺陷投入流通后不断被发现,医学技术的局限性及医疗技术的专业性使诊疗中永远存在无法克服和尚未被识别的风险。对于这些风险导致损害的成本如何分配,取决于裁断者处于何种立场。

一、产品责任法发展风险抗辩

(一)产品责任发展风险抗辩概况

发展风险抗辩是大陆法系国家对“当时的科学技术水平不能发现的产品缺陷致害生产者免除责任”这一抗辩的称谓,美国产品责任法称为工艺水平抗辩,法官经常用“不能被发现的”“未被知悉的”“不可避免的”或“工艺水平”这些术语,试图免除生产者或销售者对不能控制的特定类型风险所负的责任。有学者提出,“发展风险抗辩与工艺水平抗辩存在区别。发展风险涉及不能发现的缺陷,而工艺水平与特定行业最主流的技术和安全标准有关”。[①] 但学者对该

---

① C. J. Miller & R. S. Goldberg, *Product Liability* (Second Edition), Oxford University Press, 2004, p. 495.

术语概念的阐释并未统一,美国侵权法学家韦德(Wade)甚至将工艺水平形容为"变色龙式的术语","因为该术语的含义是如此多变且易引起混乱,我认为最明智的做法是应当完全避免使用它"。[①] 笔者并不试图对发展风险抗辩与工艺水平抗辩进行区分。发展风险抗辩或工艺水平抗辩"是指对于产品投入流通时的工艺水平不能发现的缺陷或者虽已发现却无法以现有技术消除的危险,制造商可以主张免责"。[②]

大陆法系产品责任法中的发展风险抗辩来源于欧盟 1985 年通过的《产品责任指令》第 7(e)条,[③]该条规定:"产品投入流通时的科技水平,尚无法发现缺陷的存在,生产者可不承担责任。"《产品责任指令》第 15 条同时规定:"成员国可根据程序变通第 7(e)项,在立法中可以保留或增加。"这些国家中,只有卢森堡和芬兰选择完全排除此抗辩,英国通过 1987 年《消费者保护法典》第 4(1)(e)条,意大利通过《消费者法典》第 118(5)条将发展风险抗辩转化为国内法;德国 1989 年通过、2002 年修订的《产品责任法》第 1(1)(e)项规定了该抗辩,但排除其在药品致害领域的适用;[④]西班牙排除该抗辩在药

---

① John W. Wade, "On the Effect in Product Liability if Knowledge Unavailable Prior to Marketing", 58 *N. Y. U. L. Rev.* 734, 750 - 751 (1983).

② 李蔚:《论产品的发展风险责任及其抗辩》,载《法学评论》1998 年第 6 期。

③ 20 世纪 80 年代,欧盟《产品责任指令》规定了该抗辩事由,针对是否采纳该抗辩事由,各国也曾掀起争论。英国丹宁勋爵最初也不赞成这一抗辩事由,但他在阅读了有关开发艾滋病药品的材料后改变了观点,并担心若没有开发风险抗辩事由,上述药品的开发将受到阻碍。参见[英]埃利斯代尔·克拉克著:《产品责任》,黄列等译,社会科学文献出版社 1992 年版,第 195 页。

④ 德国排除发展风险抗辩在药品领域的适用,主要原因在于 1976 年的《药事法》已经单独对药品致害适用严格责任,其规定对涉及伤害性副作用的药品生产者适用严格责任。See J. Finch and P. Ranson, *Product Liability in Europe: What the New EEC Directive Will Mean for Pharmaceutical Companies*, PJB Publications, 1986, pp. 95 - 96.

品、食品或食物产品致害领域的适用;[①]法国则排除该抗辩在人体器官和人体产出物致害领域的适用。[②]

亚洲各国也都借鉴了欧盟《产品责任指令》关于发展风险抗辩的规定。我国 1993 年《产品质量法》第 29 条第 2 款第 3 项[③]也规定:“将产品投入流通时的科学技术水平尚不能发现缺陷的存在的,生产者不承担赔偿责任”;日本 1994 年《制造物责任法》在很多方面都模仿了欧盟《产品责任指令》,其第 4 条也规定:“生产者在交付产品时,科学或技术无法预测到该产品的这种缺陷,其将不承担赔偿责任”;韩国《产品责任法》第 4 条第 2 款规定:“生产者提供该产品时的科学技术水平尚不能发现缺陷的存在,生产者可主张免除其损害赔偿责任”。[④] 我国台湾地区亦承认发展风险之抗辩。

美国关于发展风险抗辩的讨论最为激烈,1979 年《统一产品责任示范法》第 106 条规定:“产品销售者不对产品的不可避免的危险性造成的损害负责。”《侵权法重述:产品责任》(第 3 版)未涉及发展风险抗辩。20 世纪七八十年代,法院对该抗辩在产品责任中的适用开始了探索,多数法院最后选择适用发展风险抗辩,以平衡经营者与消费者之间的利益。以色列《产品责任法》、澳大利亚《消费者法》都规定了发展风险抗辩。

考察我国产品责任案例,司法实践中至今都未有案例直接涉及发展风险抗辩,该抗辩在产品责任领域适用并不多见,在其他国家也面临类似的情况,只是在少数领域比较典型,如某些药品致害案件。

---

① 西班牙选择在药品、食品及食物产品领域排除发展风险抗辩主要是因为 20 世纪 80 年代不合格食用油和几起药品灾难催化的。食用油事件直接导致了 1984 年西班牙《消费者保护法》的产生,该法将严格责任引入高风险产品。See MIA Vega, “The Defense of Development Risks in Spanish Law”, [1997] *Consum L. J.* 144, 148 - 149.

② 法国排除发展风险在人体器官与人体产出物的适用,主要是因为输入被污染血液社会事件的发生,这一缘由在巴黎高等法院的判决中也得到确认。

③ 我国《产品质量法》于 2000 年进行过修订,修订后,原第 29 条成为第 41 条。

④ 苏在先、宋娅殷:《韩国法域报告》,载杨立新主编:《世界侵权法学会报告(1):产品责任》,人民法院出版社 2015 年版,第 164 页。

（二）产品责任中发展风险抗辩的争论

不可否认的是，“发展风险抗辩的出现不仅对传统侵权法的矫正正义和威慑功能提出了挑战，更是将立法者置于安全与效率，二者孰轻孰重、孰先孰后之两难选择境地”。[①] 对法院而言，同样如此。

1. 立法领域的争论

立法领域发生的最大争论是欧洲委员会与欧洲议会之间的分歧，以及欧洲委员会多年来为废除欧盟《产品责任指令》中的发展风险抗辩而做的努力。

欧洲对发展风险抗辩的分歧早在产品责任相关法律的酝酿阶段就存在。欧洲委员会（European Commission）和欧洲议会（European Parliament）对发展风险抗辩存在严重分歧。欧洲委员会支持发展风险责任，欧洲议会支持发展风险抗辩。《产品责任指令》（第1版）议案第1条曾规定了发展风险责任，在第2版草案中仍然坚持此观点。但该观点最终未占上风。[②] 1982年2月立法的最后阶段，双方达成妥协。最后的版本即1985年的《产品责任指令》规定了发展风险抗辩，允许成员国自由选择。但此后，欧洲委员会总是试图通过改革废除发展风险抗辩。其于1999年发布《关于缺陷产品责任绿皮书》建议：“调查废除该免责是否真的会阻碍生产者创新，特别是在药品领域，该种风险是否可能获得保险。”[③]2000年的第二次报告因为缺乏发展风险抗辩的相关数据而受到阻碍，[④]其最重要的贡献是倡导调查废除发展风险抗辩对工业、保险、消费者及整个社会的经济影响，

---

① 涂永前、韩晓琪：《论产品责任之发展风险抗辩》，载《西南民族大学学报》（人文社会科学版）2010年第10期。

② C. J. Miller & R. S. Goldberg, *Product Liability* (Second Edition), Oxford University Press, 2004, p. 490.

③ Commission Green Paper, *Liability for Defective Products*, Bussels, COM(99)396 final(28 July 1999), para. 3.2, pp. 24 – 25.

④ See Second Commission Report of 31 January 2001 on the *Application of Directive 85/374 on liability for defective producers*, COM(2000)893 final, p. 18, para 3.2.2.

由此产生两个产品责任报告:2003 年的《欧洲委员会关于欧盟产品责任的报告》[①]和 2004 年的《关于缺陷产品责任的指令 85/374/EEC 中的发展风险条款的经济影响的分析》。[②] 前者得出结论:看似没有必要在当下考虑该抗辩,因为它在历史上被看作消费者和生产者之间利益平衡的重要因素。[③] 后者得出相似结论。2006 年第三次报告认为《产品责任指令》无须改革,2011 年第四次报告认为发展风险抗辩问题争议仍然很大,"尽管争议存在,但对指令任何条款的修正都将对指令的平衡产生影响,因此,目前提出重新审查指令的建议不具备条件"。[④]

2. 司法实践的争论

司法实践对发展风险抗辩的争论主要发生在美国和欧洲,其他国家包括我国在内的司法实践也有一些分歧,[⑤]但并未上升至激烈争论的程度。

(1)美国

美国产品责任司法实践对发展风险抗辩的争论最激烈。最为典型的是 1982 年的 Beshada v. Johns-Manville Products Corp. 案[⑥]和 1984 年的 Feldman v. Lederle Labs. 案。[⑦] 在前案中,新泽西州最高法院是第一次也是美国州最高法院第一次明确面对生产者是否有义

---

① See J. Meltzer, R. Freeman and S. Thomson, Product Liability in the European Union: A Report for the European Commission, MARKT/2001/11/D(Lovells, 2003),2.2(c), p.50.

② See Fondazione Rosselli , Analysis of the Economic Impact of the Development Risk Clause as Provided by Directive 85/374/EEC on Liability for Defective Products, 2004.

③ J. Meltzer, R Freeman and S Thomson, Product Liability in the European Union: A Report for the European Commission, MARKT/2001/11/D(Lovells, 2003),2.2(c), p.50.

④ 范小华:《发展风险抗辩制度及其启示》,载《法律适用》2013 年第 5 期。

⑤ 如标本案例中有 3 个案例的法院不认可发展风险抗辩,13 个案例的法院认可发展风险抗辩,有略微的意见分歧。

⑥ Beshada v. Johns-Manville Products Corp., 447 A.2d 539(N.J. 1982).

⑦ Feldman v. Lederle Labs., 479 A.2d 374(N.J. 1984).

务警告未知悉风险的问题。该法院认定,被告符合工艺水平不构成未提供警告诉讼的抗辩,从而否定了发展风险抗辩。然而在后案中,新泽西州最高法院推翻了前案确立的规则,认定药品生产者只有义务警告依据合理可获得的知识知道或者本应知道的危险。此后,在药品、损害风险潜伏期较长的产品等领域,采纳发展风险抗辩的法院占了多数。如关于 DES 药品致害的 Brown v. Superior Court 案[①]涉及药品生产者是否有义务警告不可预见的风险,该药品开具给孕妇会导致她们未出生孩子的出生缺陷。法院依据 Feldman 案以及《侵权法重述》(第 2 版)评注 j 和 k 的原则判定,药品生产者不因未警告药品出售时科学上不被知晓的风险而负责任。Vassallo v. Baxter Healthcare Corp. 案[②]涉及硅胶树脂丰胸导致非典型性自身免疫病。法院认定,被告不应该对在销售时不能被合理预见或发现的风险未提供警示负严格责任,依据是要求生产者承担不可预见的风险不可能提高产品安全。总之,在美国,要求生产者为不可预见的风险承担责任属于少数派做法,且已受到立法机关的实质性批判,认可发展风险抗辩属于多数派法院的做法。

(2)欧洲

欧洲国家的一些法院也表达了对发展风险抗辩的看法。荷兰的阿姆斯特丹地区法院在 Scholten v. Sanquin Bloedvoorziening 案[③]中认定,虽然当时血液中的艾滋病毒可通过实验室检测出来,但被告能够筛查却无法发现其存在,被告采取实验室检测方法又不可行,法院认可了该抗辩。但英国的 A v. National Blood Authority 案[④]中,法院驳回了被告提出的发展风险抗辩。而德国最高法院认为,“发展风险抗辩只能在设计缺陷案件中主张,而不能在有关制造缺陷的案

---

① Brown v. Superior Court, 751 P. 2d 470(Cal. 1988).

② Vassallo v. Baxter Healthcare Corp. ,696 N. E. 2d 909(Mass. 1998).

③ Rb Amsterdam 3 February 1999, NJ 1999, 621. 转引自杨立新主编:《世界侵权法学会报告:产品责任》,人民法院出版社 2015 年版,第 249 页。

④ A v. National Blood Authority, [2001] 3 All ER 289(QBD).

件中适用”。[①] 澳大利亚联邦法院则在 Grabam Barclay Oysters Pty Ltd. v. Ryan 案[②]中支持了发展风险抗辩的适用。

无论是在立法，还是在司法实践中，裁断者因站在不同的立场上，其对生产者是否应对发展风险承担责任的争论将一直持续下去。发展风险抗辩作为消费者与生产者利益之平衡器的功能不能否认，但让消费者承担发展风险责任似乎也不合适。

（三）承认和否定发展风险抗辩的依据

1. 承认发展风险抗辩的依据

（1）承认发展风险抗辩最核心的依据和初衷是有利于科技进步和产品研发。科技进步永无止境，但科技进步带来的新产品、新技术可能存在未知的缺陷和致害风险。让生产者承担当时科学技术所不能发现的风险和缺陷带来的损害责任，将打击他们研发新产品、寻求创新的积极性，更不愿意将研发的新产品投入市场。不仅“申请新药过程太严格会导致药品滞后”，[③]赔偿责任过重也会使药品生产商终止一些社会急需药品的生产。

（2）产品责任不是绝对责任。严格产品责任虽不考虑生产者的过错，但生产者可以为能力范围内即能发现的缺陷负责任，若科技水平无法发现的缺陷也让其负责任，无疑是让其承担了绝对责任或将其置于保险人的位置，即只要生产者将产品投入市场，无论何种情况的伤害，生产者都要负责任。有学者提出，生产者可以通过价格分摊该损失。笔者认为，未知悉风险的成本不能被分摊。风险分摊主要针对生产者能够预见的风险和成本而言，未知悉风险因其不可预见性，使生产者无法通过调整产品价格以反映出发生损害的成本。生

---

① 吴祥佑、杨长海：《发展风险抗辩的论证、实践与消费者救济》，载《石家庄经济学院学报》2009 年第 1 期。

② Grabam Barclay Oysters Pty Ltd. v. Ryan, (2000) 102 FCR 307.

③ W. Kip Viscusi et al., “Deterring Inefficient Pharmaceutical Litigation: An Economic Rationale for the FDA Regulatory Compliance Defense”, 24 *Seton Hall L. Rev.* 1437, 1454(1994).

产者事后调整价格以抵消相关成本,实质是让后来的产品使用者为早先的受害者埋单。这在石棉致害领域最为典型,美国一些法院判决石棉生产者为其当时不能发现的石棉致害负责任,因石棉致害的严重性和广泛性,很多石棉生产者都因此申请破产。[①] 对受害人损害的赔偿甚至惩罚性赔偿无法预测,更使生产者无法权衡开发新产品的成本和收益。

(3)发展风险责任不能激励生产者提高产品安全。让生产者承担未知悉风险的成本,能促使其竭尽全力排除潜在缺陷和风险,但既然风险不可知,就无法激励生产者通过研发提高产品安全,无节制地追究生产者的责任只会抑制其提高产品安全的积极性。

2. 主张发展风险责任的依据

(1)发展风险责任对科技进步、产品研发的阻碍被夸大。新产品毫无疑问会有较大风险,但新产品的高利润对生产者又是很大的诱惑。没有确切的数据表明,严格责任的实施已经使经济衰退,而芬兰、加拿大这些不认可发展风险抗辩的国家,其研发的活跃性并未受到阻碍,"责任的恐惧使创新活动受挫的观点,优于工业和特殊药学的发展,被证明是不正确的"。[②]

(2)让消费者承担发展风险带来的损害并不公平。消费者作为个体无力应对发展风险带来的损害,是弱势群体,生产者处于避免和预防损害的最佳位置,是损害和风险的最低成本避免者,且可以通过多种形式分摊损失。

发展风险抗辩的支持者和反对者各持己见。笔者认为,发展风险抗辩采纳与否实质是由谁承担发展风险责任。采纳发展风险抗辩

---

① 曼维尔公司(Manville)是美国最大的石棉生产商,因为面临大量石棉致害侵权诉讼,早在1982年即申请破产保护。关于美国石棉公司破产与石棉致害侵权诉讼,请参见S. Todd Brown, Section 524(g) without compromise: Voting Rights and the Asbestos Bankruptcy Paradox, 2008 *COLUM. BUS. L. REV.* 841, 844-852(2008).

② [英]斯蒂芬森·W.海维特著:《产品责任法概述》,陈丽洁译,中国标准出版社1991年版,第88~89页。

意味着发展风险责任由受害人承担，排除发展风险抗辩意味着发展风险责任由生产者承担。由谁承担发展风险抗辩，并无对错和优劣之分。有学者依据“谁受益，谁承担责任”的罗马法原则，认定生产者从产品生产、销售中获得利益，就应该承担其销售的产品导致伤害的责任。这似乎说明受害人未从产品中获得利益，其以货币换得了产品，良好产品的正常使用是其货币的对价。相比较性能较差及安全性较低的旧产品，受害人是否从新产品中获得了“额外”的利益？他是否应该为此“额外”的利益所附带的不可避免的风险付出点什么？这在药品领域最为明显。很多新药的副作用是未知的，但其能够挽救濒临死亡患者的生命，特别是针对一些癌症患者的“救命药”，病人明知其有风险却踊跃申请试药，主要是考虑新药的功效。再如输血，医学中窗口期的问题使一定比例的血液存在病毒不可避免，而手术中的输血在很多情况下能够挽救患者的生命，若输血即意味着医院承担病毒损害的风险，则是将医院置于两难境地，也会导致其在很多情况下宁愿选择不输血的防御性治疗。

故笔者认为，让受害人个体和生产者承担责任都非最佳选择，由多数消费者或者全社会来承担科学技术所不能发现的缺陷或风险致害的责任，是相对合理且稳妥的选择。

二、医疗技术发展风险抗辩

发展风险抗辩的本质是依据当时的科学技术能否发现导致损害的风险或预见损害后果，故其并非产品责任法所独有。传统的医疗侵权领域，医疗侵权责任的归责原则为过错责任原则，《侵权责任法》第54条[①]再次明确这一原则。在《侵权责任法》实施之前，医疗领域承担侵权责任的依据是构成医疗事故。无论是判断医疗过错还是医疗事故，“可预见性”是判断的核心因素和标准。医疗行为具有

---

① 《侵权责任法》第54条规定：“患者在诊疗活动中受到损害，医疗机构及其医务人员有过错的，由医疗机构承担赔偿责任。”

高技术性与高风险性的特点，医疗过程中存在许多不可控制因素，医疗结果也具有不确定性和不可预见性。无论国外还是我国的传统医疗侵权责任领域，对于不可预见的风险和后果，既不构成医疗过错，也不构成医疗事故。

早在1987年，我国国务院颁布的《医疗事故处理办法》(国发〔1987〕63号)第3条规定了不属于医疗事故的情形，但并未涉及因科学技术局限性导致不良后果的情况，也未涉及输血感染病毒问题的处理。但在2002年，《医疗事故处理条例》[①]第33条规定了不属于医疗事故的情形，涉及发展风险抗辩的有：在现有医学科学技术条件下，发生无法预料或者不能防范的不良后果的；无过错输血感染造成不良后果的；因不可抗力造成不良后果的。这三项发展风险抗辩事由都直接排除了医疗机构和医生在科技水平有局限性时所负的侵权责任。该条明确规定了无过错输血感染造成不良后果不属于医疗事故，医疗机构和医生不负责任，即明确发展风险抗辩在输血感染病毒致害领域的适用。《侵权责任法》第57条规定："医务人员在诊疗活动中未尽到与当时的医疗水平相应的诊疗义务，造成患者损害的，医疗机构应当承担赔偿责任。"第60条第2款第3项规定："患者有损害，限于当时的医疗水平难以诊疗的，医疗机构不承担赔偿责任。"该些条文虽然未直接明确规定发展风险抗辩，但秉承的原则显而易见：医疗机构不为超出当时的医疗水平导致患者的损害负赔偿责任。

依据过错理论，行为人通常要为可以预见的损害负赔偿责任，但医疗领域却不同，它存在可以预见却无法避免的损害。这种"无法避免"包括两种情况：采用该诊疗技术不可避免和损害结果不可避免。有些病症只能采取手术，但采取手术必然会带来并发症，这就是不可避免。在涉及输血时，情形更为特殊，有时输血对拯救生命是必须，此为不可避免。

---

① 2002年2月20日国务院第55次常务会议通过，自2002年9月1日起施行。

综上,医疗领域是非常特殊的领域,输血作为诊疗过程的重要手段,更应特殊对待。无论输入不合格血液致害责任是依据产品责任规则,还是依据医疗侵权责任规则,我国医疗界的立场都是明确的,即给予医疗机构、医生和血液中心充分的发展风险抗辩权,以保护其在医疗领域的积极性。但卢森堡、芬兰完全排除发展风险抗辩在产品责任的适用,德国在药品致害领域排除发展风险抗辩的适用,法国在人体器官、人体产出物致害领域排除发展风险抗辩的适用,西班牙在药品、食品、食物产品致害领域排除该抗辩的适用。而其他多数国家出于鼓励新产品研发的考虑,并未在这些领域排除发展风险抗辩的适用。当然,输血感染病毒致害领域是否适用发展风险抗辩涉及多方面的权衡和考虑,是一个价值判断问题,并非是事实问题,各国情况也有所不同。

第三节　输血感染病毒侵权责任适用发展风险抗辩的合理性分析

无论其他国家对药品、血液制品或者有潜伏期的化学品致害是否排除发展风险抗辩的适用,笔者认为输血感染病毒侵权责任不应该排除发展风险抗辩的适用,采纳发展风险抗辩意味着被告无须对损害承担赔偿责任,但并不意味着让受害人自行承担损失,如何分担这个损失,也是本书力求解决的问题之一。

一、血液与血液制品存在差别

血液是流动在心脏和血管内的不透明红色液体,主要成分为血浆、血细胞、遗传物质(染色体和基因)。我国《血站管理办法》第65条规定:“血液,是指全血、血液成分和特殊血液成分;脐带血,是指与孕妇和新生儿血容量和血循环无关的,由新生儿脐带扎断后的远端所采集的胎盘血。"血液制品是指各种人血浆蛋白制品，包括人血白蛋白、人胎盘血白蛋白、静脉注射用人免疫球蛋白、肌注人免疫球蛋白、组织胺人免疫球蛋白、特异性免疫球蛋白及乙肝、狂犬病、破伤风免疫球蛋白、人凝血因子Ⅷ、人凝血酶原复合物、人纤维蛋白原、抗人淋巴细胞免疫球蛋白等，血液制品的原料是血浆。《血液制品管理条例》第45条规定："血液制品，是特指各种人血浆蛋白制品。"而根据《药品管理法》[①]第100条，[②]血液制品属于药品，药品属于产品，血液制品即属于产品。对于血液制品是否属于产品的问题，我国学界确实也并无太大分歧。

但关于血液是否是《产品质量法》规定的产品却存在很大争议。肯定说的代表是王利明教授和杨立新教授。王利明教授认为："血液是一种特殊的产品，其在与人体分离之前，属于人体的组成部分，但是在与人体分离之后，则要经过一定的加工，并出售给患者。"[③]杨立新教授依据人体组织脱离人体即成为物的原理阐释血液的产品属性："血液乃人体组织，人体组成部分与人体分离之后，就成为特殊的物，且血液的所有权属于血液提供机构，将其出卖于医院，医院又将其出卖给患者，完全具有产品的特征，应当视为产品。"[④]否定说的代表是梁慧星教授。梁慧星教授认为："血液不是加工、制作的，迄今的科学技术和工业的发展，还不能制造血液。根据经济学基本知识，劳动可以创造产品、财富，但劳动不能创造血液。制造血液是活

① 该法于1984年9月20日第六届全国人民代表大会常务委员会第七次会议通过，2001年2月28日第九届全国人民代表大会常务委员会第二十次会议修订，2013年12月28日第十二届全国人民代表大会常务委员会第六次会议修订。

② 《药品管理法》第100条规定："药品，是指用于预防、治疗、诊断人的疾病，有目的地调节人的生理机能并规定有适应症或者功能主治、用法和用量的物质，包括中药材、中药饮片、中成药、化学原料药及其制剂、抗生素、生化药品、放射性药品、血清、疫苗、血液制品和诊断药品等。"

③ 王利明著：《侵权责任法研究》（下卷），中国人民大学出版社2011年版，第414页。

④ 杨立新：《论医疗产品损害责任》，载《政法论丛》2009年第2期。

人身体的机能。"①

我国《产品质量法》第2条第2款规定:"本法所称产品是指经过加工、制作,用于销售的产品。"严格依据此定义,血液来源于人体,并未经过特殊加工制作,血液的保存、运输不能称为"加工、制作",无论是血液中心将血液出售给医疗机构,还是医疗机构将血液出售给患者,其间都未有盈利因素,也不符合"销售"之本质特征。

美国《统一产品责任示范法》第102(C)条规定:"产品是指为引入贸易或商业而生产的,能够作为组装整件或者零部件被交付的,具有内在价值的物品,但人体组织、器官,包括血液及其组成成分除外。"《侵权法重述:产品责任》(第3版)第19节(c)规定:"人类血液及人类组织器官,即使是商业性提供的,也不受本《重述》规则的约束。"而美国法律界对血液致害严格责任的排除是通过各州《血液保护法》来实现的,"《血液保护法》规定,这些交易是提供服务,不能适用严格责任"。② 但美国并非一直在血液感染病毒领域排除严格责任的适用。"人类血液与人类组织器官都满足19(a)的形式要件,且过去一直被看作是严格责任目的下的产品。"③"近年来的立法和法院得出的相同结论是,在人类血液及其组织的获取性背后的公共政策考虑,与供应它们带来的固有风险更为重要。"④有些法院则以《血液保护法》为分界,作为血液致害是否适用严格责任的依据,如Rostocki v. Southwest Florida Blood Bank 案⑤法院认为:"当诉讼是在《血液保护法》之前提起,血液销售构成产品销售,被告血液中心承担严格责任。"

---

① 梁慧星著:《裁判的方法》,法律出版社2003年版,第148页、第149页。

② Cantu, Charles E., "Illusive Meaning of the Term Product under Section 402A of the Restatement (Second) of Torts", 44 *Okla. L. Rev.* 635, 650 - 651 (1991).

③ 美国法律研究院:《侵权法重述第三版:产品责任》,肖永平等译,法律出版社2006年版,第392页。

④ 同上书,第393页。

⑤ Rostocki v. Southwest Florida Blood Bank, Inc., 276 So. 2d 475 (Fla. 1973).

但欧洲的情况似乎有所不同。《法国民法典》第16－1条规定："人体、人体各组成部分及人体所生之物，不得作为财产权利之标的。"第16－5条规定："任何赋予人体、人体各部分以及人体所生之物以财产性价值的协议，均无效。"[①]这说明出于对"人"的尊重，人体、人体组成部分及人体所生之物不能作为交易之对象，似乎排除了该些"物"在产品责任法中"产品交易"的适用。但第1386－3条却规定："一切动产物品，即使已与某一不动产结合成一体，其中包括土地的产品、畜产品、猎获物与水产品，都是产品；电，视为产品。"[②]严格依据其产品之定义，却又不能排除前述之物产品责任的适用。但《民法典》第1386－12条同时规定："如果损害是由于人体之部分或出自人体之物所造成，生产者不得援用第1386－11条第4项的免除责任之规定（发展风险抗辩之规定）。"[③]该条规定了人体之部分或人体产出物导致损害时，"生产者"不得援引发展风险之抗辩免除责任。这意味着该两种"物"属于产品责任调整之范畴。同样依据欧盟《产品责任指令》关于产品的定义，"产品的定义看起来能涵盖人类身体产品，如血液"。[④] 也就是说，在欧盟各国，严格依据产品之定义，血液确实不能被排除在"产品"之外，只是有些国家出于政策或

---

① 《法国民法典》，罗洁珍译，中国法制出版社1999年版，第5页。

② 同上书，第332页。

③ 同上书，第333页。另有西南财经大学秦立崴教授告知笔者：如何将1985年7月25日《欧盟指令》引入法国国内法的问题上，1993年的一项立法建议稿认为：该欧盟法令所指"产品"仅指那些成为工业化生产的对象的动产。即法国人在"产品"和"投入流通领域"的概念上煞费脑筋。而欧盟法院（Court of Justice of the European Communities，CJCE）曾在判例中确认：当一个产品完成了生产制造，并进入到商业化的过程中，处于向公众提供并能满足使用或消费的状态的，就应认定为进入了流通领域。（CJCE，9 fév. 2006，Declan O'Byrne / Sanofi Pasteur MSD Ltd.）。法国最高行政法院也曾拒绝对医院在人体器官移植过程中输血导致患者病毒感染的情况，适用瑕疵产品事实责任的规定（CE，27 janv. 2010，n° 313568，Hospices civils Lyon et CHU，JCP A 2010，n° 2189，note N. ALBERT）。

④ ［英］道纳尔·诺兰：《被感染的血液案例的英国法报告》，载杨立新主编：《世界侵权法学会报告（1）：产品责任》，人民法院出版社2015年版，第242页。

其他考虑排除了发展风险抗辩在该领域的适用。

对于血液是否属于产品这一问题，无论是我国、美国还是欧盟立法及司法实践如何持有不同观点，如何采取不同措施，笔者认为，这一问题的实质是是否对输血感染病毒侵权责任适用严格责任的问题。至于是通过“加工制作”，还是通过“是否用于销售”，或是“产品和服务的区分”这些标准来判断血液是否属于产品，都只是不具有实质性意义的手段，只是裁断者选择站在何种立场之上。

我国学者似乎在拼命区分血液与血液制品，并将其作为是否适用产品责任相关规则的依据。笔者不否认二者在产生过程及其性质上的差别，但笔者认为，二者的本质区别在于血液致害的责任主体只有医疗机构和血液中心，而血液产品致害的责任主体是医疗机构和血液产品生产者，这与缺陷药品、医疗器械致害完全相同。有学者不愿意将严格责任和发展风险责任施加于血液致害责任主体，重要原因之一在于血液中心的非营利公益性组织的性质，及其未从“血液”中牟利的事实。除此，血液制品的原料是血浆，血浆是血液的重要组成部分。输入血液制品感染病毒的根源仍在于血液中心采集的血液，加工、储存过程中感染病毒的可能性很小。无论欧盟国家还是美国等国都未进一步区分血液与血液制品致害责任，更未探讨对其适用不同的归责原则和抗辩事由。但鉴于我国的国情，笔者认为，因血液制品有生产者的存在及生产者从加工销售血液制品中获得收益的事实，血液制品生产者承担的责任重于血液中心承担的责任，这具有合理性。使用血液制品感染病毒致害责任中都可适用发展风险抗辩，输入血液感染病毒致害更不应该排除发展风险抗辩的适用。

二、输血感染病毒的风险无法消除只能降低

输血是现代医学救治病人不可或缺、不可替代的有效手段，其在手术中的重要性不言而喻。但输血也可能给患者带来伤害，一方面医学技术的局限性导致窗口期的存在；另一方面血液中仍含有我们人类还不能识别的病毒，医学界所能做的只是把风险降低至最低

程度。

多数人对血液中心和医疗机构在血液流通过程中的职责存在误解。实际上,对血液是否含有病毒的实质性检测是血液中心的职责,医院的职责只是检查血袋规格、患者与所输血液的配对,并不再对血液中心提供的血液是否含有各项传染性病毒进行实质性检测,虽然有法院认定医院具有重新检测病毒的义务,这实际上是对法规的误解。[①] 这就导致窗口期采集的病毒并无医疗机构进行复检的这一最后防线。当然,检测技术的发展使各项病毒"窗口期"不断缩短,目前即便是使用最先进的核酸检测技术,艾滋病、乙肝、丙肝的"窗口期"仍分别有11天、25天和59天,输血感染艾滋病、乙肝、丙肝的危险度分别有700万分之一、64万分之一和200万分之一。

既然血液中心抗体检测的窗口期不可避免,为何不让医疗机构对血液是否存在传染性病毒进行实质性检测?基于同样的考虑,美国早在1996年就做过实验,让医疗机构通过抗原测试法对血液进行检测,结果从2500万位献血人员中检测出3例窗口期内的病毒血源,但检测成本高达4000万~6000万美元。[②] 美国著名的汉德法官在United States v. Carroll Towing Co. 案[③]中创立了汉德公式,该公式是法律经济分析的重要工具。该案的争点是繁忙港口的驳船所有人离船而去数个小时的行为是否构成过失。鉴于每条船都会有与其驳船相脱离的可能,若已成为事实,该船对其周围的船只构成危险,故如在其他类似情形下一样,所有者预防导致损害的责任即为三个变数:船只将要脱离的可能性(P),脱离导致损害的严重性(L),充

① 秦某与焦作煤业(集团)有限公司中央医院案[(2013)焦民一终字第361号]法院认为,根据卫生部发布的《血站基本标准》,焦煤医院在对秦某输血浆前有义务对所供血浆进行丙肝检测,焦煤医院违规而未进行检测,故焦煤医院在对秦佩峰的诊疗过程中存在过错。实际上,《血站基本标准》并未要求医院对血液病毒进行实质性检测。

② 参见张磊:《输血感染病毒侵权赔偿研究》,载《法律图书馆论文资料库》:http://www.law-lib.com/lw/lw_view.asp? no=2152,最后访问日期:2015年4月24日。

③ United States v. Carroll Towing Co., 159 F.2d 169(2d. Cir. 1947).

分预防措施的负担(B)。责任取决于 B 是否小于 P×L。输血感染病毒依据汉德公式加以分析:窗口期或漏检率事故发生的可能性 P 很低,表明很难预见或不能预见;B 值非常高说明不能避免或不能克服,即使 L 再大,其与极小 P 值的乘积,也会小于 B。也就是说,窗口期或漏检率带来的病毒感染是输血行为所必然带来的,而输血行为又是社会所必需,要完全避免损害,就必须消灭输血行为本身,而这显然又不可能。故从法律经济分析的角度来看,让医院对血液进行实质性检查,这一沉重负担无论从成本还是在资源使用来讲都不现实,应将窗口期或漏检率作为输血感染病毒侵权责任的免责事由。

三、《侵权责任法》第 59 条的文义不能排除输血适用发展风险抗辩

由《侵权责任法》第 59 条的文义得出输血致害排除发展风险抗辩的结论是武断的。《侵权责任法》并未规定产品责任的抗辩事由,《产品质量法》第 41 条第 2 款规定的抗辩事由仍可适用于《侵权责任法》规定的产品责任。鉴于我国学界对血液是否属于产品未达成一致,笔者分两种情况进行分析。

第一种情况,血液与药品、消毒药剂及医疗器械一样属于适用产品侵权责任规则的"医疗产品"。毋庸置疑的是,药品、消毒药剂及医疗器械致害责任中的生产者可以援引《产品质量法》第 41 条的 3 条抗辩事由,为何血液致害责任中的责任主体就不能援引这些抗辩事由呢?我国要排除血液致害发展风险抗辩的适用应该明文规定,不能在将血液与药品、消毒药剂及医疗器械置于同等位置的情况下选择性地排除对特定抗辩事由的适用。

第二种情况,如前文有些学者所言,《侵权责任法》第 59 条的规定,仅仅是为了方便患者获得救济,并无其他更进一步的正当性依据,"血液"也不构成产品责任法意义上的产品。若血液致害不适用产品责任相关规则,就应该适用一般医疗侵权责任相关规则。前文已提到《医疗事故责任条例》中对不可抗力及无过错输血抗辩的规定,明确了输血感染病毒致害对发展风险抗辩的适用。《侵权责任

法》第60条第1款第3项规定："患者有损害，限于当时的医疗水平难以诊疗的，医疗机构不承担赔偿责任。"这实际上也是排除了医疗机构在医疗水平和科技水平无能为力时对患者所造成伤害所负的责任，即排除一般医疗侵权责任中的超出医疗水平的损害责任。

故无论血液是否是"产品"，无论其适用产品责任还是医疗侵权责任相关规则，都不能从《侵权责任法》的规定推定出输血感染病毒侵权责任排除发展风险抗辩的适用。

故基于血液与血液制品的区别、血液中存在病毒不可避免、第59条文义不能排除发展风险抗辩的适用这三方面的考虑，我国输血感染病毒侵权责任无法排除发展风险抗辩的适用。

第四节 输血治疗知情同意书的法律效果

输血感染病毒在当下医疗水平之下不可避免，但《侵权责任法》对该致害情况的免责并不明确，只有《医疗事故管理条例》将无过错输血排除出医疗事故的范畴。既然侵权责任领域的法律无法肯定地让医疗机构和血液中心免除赔偿责任，医疗机构是否可以通过"合同"的方式，避免该情况下可能承担的责任？我国《医疗机构临床用血管理办法》①第21条规定："在输血治疗前，医师应当向患者或者其近亲属说明输血目的、方式和风险，并签署临床输血治疗知情同意书。"输血治疗知情同意书属于医疗知情同意书的一种，输血属于诊

① 《医疗机构临床用血管理办法》(卫生部令第85号)于2012年3月19日经卫生部部务会议审议通过，自2012年8月1日起施行。

疗活动中的医疗措施之一,依据《侵权责任法》第55条[①]规定,签署同意书属必需程序。《输血治疗知情同意书》通常规定:“输血存在一定风险,可能发生输血反应及感染经血传播疾病。虽然使用的血液,均已按卫生部有关规定进行检测,但由于当前科技水平的限制,输血仍有某些不能预测或不能防止的输血反应和输血传染病。”当医疗机构对输血感染病毒无过错时,能否依据该内容请求免责?这涉及对该种同意书的法律性质和法律效力的探讨。《民事案件案由规定》[②]也在351项中增加了“侵害患者知情同意权责任纠纷”一项,是独立于“医疗产品责任纠纷”的案由。

一、输血治疗知情同意书的法律性质

输血治疗知情同意书与手术同意书在性质上有很大的相似性。对于此种“同意书”的法律性质存在不同观点。第一种观点,输血治疗知情同意书属于格式合同,但并不能排除其中所列风险导致的损害责任。第二种观点,输血治疗知情同意书属于合同,合同已经阐明风险,若发生损害,患者应当自行承担。因为是否签署同意书取决于患者的自愿,双方的法律地位平等,这符合合同的相关特征和要素。第三种观点,输血治疗知情同意书不是合同书,不具有合同的功效。主要是因为在签署同意书时,患者根本不可能有选择的余地,要么面临生命危险,要么面临感染病毒的危险,是一种被迫的“自愿”选择,同意书不具备合同意思自由和意思自治的核心要件。第四种观点,输血治疗知情(手术)同意书是医院向患者一方履行了告知说明义

---

① 《侵权责任法》第55条规定:“医务人员在诊疗活动中应当向患者说明病情和医疗措施。需要实施手术、特殊检查、特殊治疗的,医务人员应当及时向患者说明医疗风险、替代医疗方案等情况,并取得其书面同意;不宜向患者说明的,应当向患者的近亲属说明,并取得其书面同意。”

② 2007年10月29日最高人民法院审判委员会第1438次会议通过,根据2011年2月18日最高人民法院《关于修改〈民事案件案由规定〉的决定》(法〔2011〕41号)第一次修正。

务的书面证明文件。[①] 同意书只是表明医疗机构履行了告知义务，也实现了患者的知情同意权。但《医疗机构临床用血管理办法》并未、而且也不可能规定履行了该告知义务后，仍导致的伤害该由谁负责。

笔者认为，输血治疗知情同意书是否构成合同的讨论并无太大实际意义。即使同意书规定对输血风险由患者承担也并不违反《合同法》第41条、第53条的规定。依据为：第一，患者签订输血同意书实际上是选择自担风险。自担风险是侵权法中侵权人免除或减轻责任的重要抗辩事由，是美国侵权法中特别重要的抗辩事由。我国《侵权责任法》过于强调扶助弱者，扶弱助贫并未明确规定自担风险抗辩事由。依据美国侵权法，原告自担风险的认定标准为："如果原告知道或者有理由应该知道风险的存在，但是理性而谨慎的人面对风险不会继续行动下去，那么便可以认定为原告自甘风险。"[②]自担风险需要受害人同意且明确表示，行为人必须尽到充分的告知、说明义务，还不得违反法律的强制性规定以及公共秩序、善良风俗。输血治疗知情同意书符合上述核心要件，患者签署同意书即意味着对输血感染的风险已经知晓并选择继续冒险，其选择的行为是风险承担的比较的过程，即失去生命的风险后果显然高于感染病毒的风险后果。第二，法律并未规定输血感染病毒的风险由医疗机构承担。法律责任是指因违反了法定义务或契约义务，或不当行使法律权利所产生的、由行为人承担的不利后果。在医院已经履行告知义务的情况下患者发生损害，医院既不因为违反法定义务也不因为违反双方合同规定的义务，更未不当行使权利，而承担赔偿责任。医院承担赔偿责任没有任何法律依据。

---

① 参见岳远雷：《论手术同意书的法律属性》，载《南京医科大学学报》（社会科学版）2008年第3期；艾尔肯、秦永志：《论医疗知情同意书——兼评〈侵权责任法〉第55条、第56条的规定》，载《东方法学》2010年第3期。

② ［美］小詹姆斯·A.亨德森等著：《美国侵权法：实体与程序》，王竹、丁海俊、董春华、周玉辉译，北京大学出版社2014年版，第357页。

二、输血治疗知情同意书的法律效力

不管输血治疗知情同意书的法律性质为何，我们更关注，也是我们探讨其法律性质的目的是，若发生了同意书中涉及的风险导致患者损害时，医疗机构是否可以据此提出抗辩，减轻或免除赔偿责任。依据自担风险规则，患者自愿承担输血感染病毒的风险，且患者因输血获得的利益如挽救其生命是巨大的，简言之，患者是为了挽救其生命而不得不承担感染病毒的风险，若其不承担该风险损害，等于所有的好处都由其占有，对医疗机构是不公平的。

当然，输血治疗知情同意书并非能够减轻或免除医疗机构所有的损害责任。若医疗机构因过错造成了患者感染病毒的后果，医疗机构仍然应该承担相应的侵权责任。同意书不具有免除医疗机构因医疗过错而给患者造成感染病毒这一损害后果应承担的民事责任的法律效力。

虽然《医疗机构临床用血管理办法》已经规定输血前由医疗机构与患者签署输血治疗知情同意书，但在输血感染病毒司法实践中，同意书所起到的实质作用并不大。涉及输血治疗知情同意书的相关案例的处理方式主要分为两种情况。

第一种情况：出现科技水平限制的问题，适用公平责任，即使知情同意书明载感染病毒的风险。如李某与河北省血液中心、河北医科大学第四医院案[①]中，“虽被告河北医科大学第四医院辩称在输血前与原告代理人就输血感染丙肝的可能性签订知情同意书，知情同意书上已明确载明受到当前科技水平的限制，现有的检验手段不能够完全解决病毒感染的窗口期及潜伏期问题。但依据公平原则，因科技水平限制造成的损害后果不能全部由患者承担。《民法通则》第132条规定，当事人对造成损害都没有过错的，可以根据实际情况，由当事人分担民事责任。故原告因感染丙肝造成的损失，被告河

① 河北省石家庄市中级人民法院民事判决书，(2013)石民六终字第00689号。

北医科大学第四医院、河北省血液中心应依据公平原则分担原告一定的经济损失”。朱某与白银市第一人民医院案[①]亦是如此:“原告及家属在知情同意书上签字。被上诉人对上诉人进行血液透析过程中使用的医疗设备也符合当时的医疗水平和标准,对选择使用复用管路可能感染丙肝等传染性疾病的风险,被上诉人已向上诉人履行了告知义务,并与上诉人及其家属签订了协议。被上诉人的医疗行为并不存在瑕疵也无过错,根据民法的公平原则,上诉人身患原发性重病,又感染丙肝,不予补偿显失公平,应由被上诉人适当补偿上诉人丙肝治疗费 10000 元。”

第二种情况:认定医疗机构与患者签署输血治疗知情同意书即履行了告知义务,医疗机构对同意书中所涉风险导致的损害不负赔偿责任。何某与永城市第五人民医院、商丘市中心血站案[②]法院认定:“华大方瑞鉴定中心(2011)临鉴字第 944 号司法鉴定意见书中已经做出了分析说明,即手术记录、手术操作过程规范,具有输血指征,医疗行为符合规范。所签署的输血治疗同意书内容书写的风险已说明,即视为医方已尽告知义务,无证据证明医方手术器械及输血器属不合格产品。对此本院予以确认。”胡某与重庆市血液中心、重庆医科大学附属第一医院案[③]中,输血治疗同意书载明:“输血存在一定风险,可能发生输血反应及感染经血液传播的疾病。虽然我院使用的血液,均已按照卫生部有关规定进行检查,但由于当前科技水平的限制,输血仍有某些不能预测或不能防止的输血反应和输血传染病。输血时可能发生的主要情况如下:1. 过敏反应。2. 发热反应。3. 感染肝炎(乙肝、丙肝等)。”法院由此判定医院无过错,不负赔偿责任。张某与中国人民解放军第四军医大学唐都医院案[④]中,双方签订的“输血血制品治疗

---

① 甘肃省白银市中级人民法院民事判决书,(2011)白中民一终字第 284 号。

② 河南省商丘市睢阳区人民法院民事判决书,(2009)商睢区民初字第 1479 号。

③ 重庆市第五中级人民法院民事判决书,(2009)渝五中法民终字第 843 号。

④ 陕西省西安市灞桥区人民法院民事判决书,(2007)灞民初字第 66 号。

同意书”得到法院认可，但因原告输血两天就能够查出病毒抗体，法院据此认定感染病毒与输血之间不存在因果关系。

无论是第一种情况还是第二种情况，不管医院与受害人之间是否已经签订输血治疗知情同意书，都要确认医疗机构和血液中心在采血及诊疗行为中是否存在过错。通常情况是，若医疗机构和血液中心采血及诊疗行为存在过错，自然承担过错侵权责任，为输血感染病毒承担赔偿责任，但若不存在过错，多数法院倾向于依据“公平责任”，由医疗机构和血液中心补偿受害人，既不依据输血治疗知情同意书，也不完全依据过错责任，判定医疗机构和血液中心不负任何责任，少数法院也会直接排除医疗机构承担赔偿责任的可能性。

第五节　输血感染病毒所涉发展风险抗辩的解释论

由上可见，从《侵权责任法》第 59 条的规定推断不出不合格血液致害责任排除发展风险抗辩的适用。该条文规定的不合格血液致害责任，是否意在让医疗机构与血液中心为无过错输血负赔偿责任，应当依据相关法律来解释，分为三个方面。

第一，依据《侵权责任法》第 59 条文义，不合格血液致害与缺陷药品、消毒药剂及医疗器械致害适用产品责任相关规则。适用产品责任相关规则，就意味着不仅适用第 59 条的规定，还适用《侵权责任法》产品责任章的规定，也适用《产品质量法》的相关规定。既然学界主流学说认为，《侵权责任法》未规定产品责任抗辩事由，产品责任抗辩事由仍适用《产品质量法》相关规定，输血感染病毒侵权责任也应当适用《产品质量法》关于抗辩事由的规定，其第 41 条第 2 款第 3 项关于发展风险抗辩的规定自然也应当适用。

第二，输血感染病毒侵权责任应依据一般医疗侵权规则进行规制。2002 年的《医疗事故处理条例》明确了医疗机构不为超出当时诊疗水平造成患者损害负责任，还明确不为无过错输血负责任。《侵权责任法》虽没有涉及无过错输血的责任规则，但第 61 条仍规定医疗机构不为超出当时诊疗水平给患者造成的损害承担赔偿责任。故依据一般医疗侵权规则，输血导致患者感染病毒的医疗机构，也不为超出诊疗水平的"窗口期"带来的损害或者当时科技无法发现病毒带来的损害负赔偿责任。

第三，《输血治疗知情同意书》的签署排除了医疗机构承担发展风险责任的可能性。医疗机构与患者签订输血治疗知情同意书，是法律赋予医疗机构的义务，患者与医疗机构签署同意书即意味着医疗机构履行了告知义务，其无须为患者自愿选择的输血治疗带来的风险负赔偿责任。

输血感染病毒侵权责任中的医疗机构不负发展风险之责任，血液提供机构就更无理由为发展风险负责任。认可发展风险抗辩在输血感染病毒侵权责任中医疗机构和血液中心的适用具有合理性。标本案例所涉法院的共同特点是都不倾向于在输血感染病毒侵权责任中适用发展风险抗辩，不管这一思想是来源于产品责任抗辩事由，还是一般医疗侵权中医疗机构不为超出当时的诊疗行为导致的患者损害负责任，这些法院都不希望医疗机构和血液提供机构为超出当时的科学技术水平的损害承担赔偿责任。2010 年 11 月 18 日，北京市高级人民法院发布的《关于审理医疗损害赔偿纠纷案件若干问题的指导意见(试行)》第 34 条规定："无过错输血感染造成不良后果的，人民法院可以适用公平分担损失的原则，确定由医疗机构和血液提供机构给予患者一定的补偿。"这与 2001 年江苏省高级人民法院通过的《全省民事审判工作座谈会纪要》的规定完全一致。这也说明即使在发展风险导致患者损害的情况下，即便在《侵权责任法》实施后，法院仍倾向于由当事人、医疗机构和血液提供机构共同分担损失，而不是由医疗机构和血液提供机构承担发展风险责任，后两者仅给予患者一定补偿。

无过错输血致害的救济路径:代结论

通过对输血感染病毒侵权责任主体及责任分担、归责原则、举证规则以及抗辩事由的数据统计和理论分析,笔者认为,影响该领域受害人获赔的关键因素是法院是否采纳举证责任倒置规则。这主要是多数输血感染病毒侵权中“因果关系”和“过错”的不明所致,①

① 笔者对标本案例因果关系与过错鉴定的案例进行了梳理,有 9 种结果:存在因果关系(4 件)、不存在因果关系(2 件)、不排除因果关系(12 件)、不排除但有具体参与度(3 件)、不接受委托(8 件)、难以认定因果关系(4 件)、不确定因果关系(6 件)、可能存在因果关系(1 件)、不构成医疗事故(3 件)。详情参见:(1)存在因果关系:新乡市第二人民医院与李某案,(2010)新中民一终字第 386 号;付某与宜城市人民医院、湖北省沙洋监狱管理局总医院案,(2013)鄂宜城民三初字第 00044 号;方某与山西省儿童医院案,(2014)并民终字第 210 号;滕州市中心人民医院与曹某案,(2014)枣民五终字第 209 号。(2)不存在因果关系:张某与临澧县人民医院案,(2009)临民一初字第 143 号;祁某与甘肃省武威肿瘤医院、武威市中心血站案,(2015)武中民终字第 50 号。(3)不排除因果关系:焦某与河南省人民医院案,(2013)郑民一终字第 824 号;阚某与大屯煤电(集团)有限责任公司、大屯煤电(集团)有限责任公司中心医院案,(2010)徐民终字第 1397 号;袁某与徐州市中心医院、徐州市红十字血液中心案,(2013)徐民终字第 1957 号;张某与徐州市红十字血液中心、徐州矿务集团第一医院案,(2013)苏审二民申字第 767 号;毕某与浠水县人民医院案,(2013)鄂浠水民初第 00911 号;陈某与武汉亚洲心脏病医院、武汉血液中心案,(2013)鄂江汉民一初字第 00433 号;曹某诉湖南省澧县某医院案,(2013)澧民一初字第 1268 号;郭某与山西省妇幼保健院案,(2015)并民终字第 265 号;洪某与南陵县人民医院案,(2014)芜中民一终字第 00157 号;河北省血液中心与李某案,(2013)石民六终字第 00689 号;马某与山东省夏津县人民医院案,(2013)德中民终字第 337 号;海西蒙古族藏族自治州第二人民医院与刘某案,(2013)西民一终字第 191 号。(4)不排除但有参与度:袁某与河北联合大学附属医院案,(2009)北民初字第 2860 号;蔡某与安徽省立医院案,(2013)庐民一初字第 02236 号;陆某与芜湖市第一人民医院、芜湖市中心血站案,(2012)镜民一初字第 00448 号。(5)不接受委托:杜某与河南省洛阳正骨医院、洛阳市中心血站案,

在43件涉及因果关系和过错鉴定的案件中,因果关系明确的仅有4件。而举证责任倒置规则使因果关系和过错不明时由被告承担举证不能和败诉之风险。若输血感染病毒侵权责任领域不适用举证倒置规则,受害人几乎会“全军覆没”。

本书围绕《侵权责任法》第59条设计的四大问题,理论界、实践领域甚至法学界和医学界都存在不同程度的分歧。拨开云雾会发现,分歧主要围绕“无过错输血致害的救济”而展开,对“过错输血”并无分歧。故笔者在最后一章试图阐述无过错输血的救济路径,以给困扰该领域的重大难题提供解决思路。

一、无过错输血致害救济的现存路径

无过错输血致害救济是指受害人因为医疗机构或血液提供机构的无过错输血遭受伤害,其寻求路径获得赔偿或补偿,而非自己承受

(2012)瀍民初字第184号;郑州人民医院与王某案,(2014)郑民一终字第779号;郅某与宝丰县人民医院案,(2013)宝民初字第1292号;袁某与焦作煤业(集团)有限责任公司中央医院案,(2011)解民初字第595号;焦作卫生医药学校附属医院与刘某案,(2015)焦民二终字第00266号;新蔡县老年病医院与马某、新蔡县第二人民医院案,(2008)豫法民提字第103号;陈某与徐州市中心医院、徐州市红十字血液中心案,(2009)徐民一终字第1466号;刘某与如皋市人民医院案,(2014)通中民终字第2435号。(6)难以认定因果关系:侯某与焦作市人民医院案,(2014)山民二初字第00347号;张某与焦作市第二人民医院案,(2009)解民初字第231号;秦某与焦作煤业(集团)有限公司中央医院案,(2008)解民初字第366号;郑某与唐河县中医院案,(2012)唐民一初字第1005号。(7)不确定因果关系:马兴周与新乡市中心医院案,(2010)新中民一终字第40号;谢某与资兴市某医院案,(2011)郴民一终字第429号;肖某与怀化市第五人民医院、广州铁路(集团)公司案,(2015)怀中民一终字第165号;朱某与浙江大学医学院附属儿童医院案,(2012)杭下民初字第1490号;常某与卫生部北京医院、北京市通州区中心血站案,(2012)东民初字第01200号;张某与中国人民解放军第十医院、中卫市人民医院案,(2012)凉民初字第811号。(8)可能存在因果关系:潘某与浏阳市镇头镇中心卫生院、浏阳市人民医院、长沙血液中心案,(2013)浏民初字第01940号。(9)不构成医疗事故:包某与石家庄市第一医院、河北省血液中心等案,(2014)石民一终字第00229号;廉某与天津市滨海新区塘沽妇产医院案,(2014)二中民四终字第657号;雷某与被告新疆生产建设兵团第七师医院案,(2014)奎垦民一初字第4号。

伤害。普遍意义上,当下解决无过错输血的救济路径主要有两个:一是利用无过错责任原则,从归责的角度让被告为无过错输血致害负赔偿责任;二是利用公平责任原则,由被告对受害人进行一定的补偿。

(一)无过错责任之下的救济

依据无过错责任,无论被告是否有过错,只要血液不合格导致伤害,都要负赔偿责任。受害人获得被告的"赔偿",意味着受害人的请求权在实体法上获得了肯定,被告不仅赔偿此次起诉所请求的赔偿费用,还要为受害人损害的"后续治疗费用"负赔偿责任。因为感染病毒受害人通常至死都不会治愈,被告要为受害人病毒损害终生负责。存在后续治疗费用是输血感染病毒致害纠纷的典型特征,大量标本案例属于受害人寻求后续治疗费用的情形即说明了这一点。

让医疗机构或血液提供机构为无过错输血受害人终生负责并不公平,因为无论他们如何谨慎行事,都无法避免该损害的产生和该"成本"的付出,而基于我国血液价格的定价体系和血液提供机构的运行模式,他们也无法将此成本分摊至所有的输血患者,而生产者和销售者能够不同程度分摊缺陷产品带来的部分损害成本。

(二)公平责任之下的救济

无论公平责任是否是独立的归责原则,在当事人均无过错时,法院特别青睐《民法通则》第 132 条、《侵权责任法》第 24 条规定的公平责任原则,以让受害人不至于"自认倒霉"。

将公平责任适用于输血感染病毒致害领域的无过错输血,受害人可获得一定补偿,被告也无须付出很大成本,似乎是较折中的模式。"补偿"非基于行为的可归责性而产生,意味着被告就此"买断"了该纠纷后续赔偿或补偿的可能,受害人不可能基于"根据公平责任获得补偿的判决书"再次提起诉讼要求被告对后续治疗费用负责任。司法实践中,被告对受害人的补偿额度经常参考起诉时的请求赔偿额,通常不高。

依据公平责任的补偿产生的效果是,受害人获得不高的补偿,医疗机构和血液提供机构仍然增加了成本,尽管数额不高。

现存法律框架下可能的无过错责任和公平责任的救济路径,都存在不同程度的不足之处。是否存在更合理的救济路径,使受害人能获得一定补偿,被告无须为无过错输血赔偿或补偿?2000年上海市针对输血感染丙肝这一问题,设立了“血液安全基金”,给因输血感染丙肝的受害人一定补偿,条件是在上海市内输血、在规定年限内被确诊为丙肝、未使用过其他血液制品。该基金从产生至运行都有较多问题,但可为我们提供一种思路。

二、基金救济路径的正当性

基金本身不是法律概念,它只是一笔具有特殊目的的资金,如同《现代汉语词典》(第5版)释义:“基金是为兴办、维持或发展某种事业而储备的资金或专门拨款。基金必须用于指定的用途,并单独进行核算。”但近些年,很多学者在分析侵权法应对现代社会风险事故力不从心时,极力呼吁建立或者采纳多元化的赔偿模式,赔偿基金是重要手段之一,“赔偿基金”改变了基金的非法律性,使其成为救济受害人的重要手段。我国理论界和实务界对赔偿基金的实质性关注源于2008年三鹿奶粉事件的推动。之后,学者大力倡导采纳赔偿基金,所涉领域极其广泛,如倡导建立药害赔偿基金、[1]证券投资者赔偿基金、[2]医疗损害赔

[1] 参见刘远芬:《药害赔偿基金争议再起》,载《医药经济报》2009年3月12日,第B01版。

[2] 参见上证报两会报道组:《湖北证监局局长芮跃华:尽快建立证券投资者赔偿基金制度》,载《上海证券报》2014年3月10日,第2版;毛万熙:《业内人士建议完善投资者赔偿基金制度》,载《中国证券报》2013年11月29日,第A05版;罗文志:《美国建立“投资者赔偿基金”》,载《中国证券报》2002年9月14日,第4版。根据有关报道,美国已通过公司监管法案——《萨班斯—奥克斯利法案》,内容包括一系列严厉的针对上市公司造假的措施,其中最具有创新意义的是建立一个专门的“投资者赔偿基金”。

偿基金、[①]登记错误赔偿基金、[②]旅游公共赔偿基金、[③]环境损害赔偿基金、[④]消费者隐性损害赔偿基金、[⑤]学校学生伤害责任赔偿基金、[⑥]海洋生态损害赔偿基金、[⑦]产品责任赔偿基金[⑧]等。针对大规模侵权问题,张新宝教授还就赔偿基金提出了构建措施并认为,“赔偿基金是在西方国家盛行并被实践证明效果良好的应对大规模侵权事件的解决方案”。[⑨] 我国财政部、交通运输部针对船舶油污污染问题,颁布《船舶油污损害赔偿基金征收使用管理办法》,设立船舶油污损害赔偿基金。[⑩] 虽然基金频频“出镜”,但其是否有正当性,特别是输血

---

① 特别是将政府和患者纳入无医疗过错下医疗意外损害赔偿基金出资人范畴,有利于强化政府的公务服务职能,有利于缓解医院因无过错支付导致的经济责任和社会压力,有利于发挥医护人员的工作积极性,有利于增加患者的医疗风险意识。参见毕淑娟:《建立医疗意外损害赔偿基金化解医疗纠纷》,载《中国联合商报》2014 年 3 月 17 日,第 B04 版。

② 参见李小兵:《赔偿基金:应对登记错误赔偿的最佳选择》,载《中国国土资源报》2014 年 8 月 15 日,第 5 版。

③ 参见郑晶:《质量保证金的制度困境与旅游公共赔偿基金的建立——兼谈香港、台湾地区的经验》,载《旅游学刊》2013 年第 12 期。大陆目前尚未从制度上确立旅游公共赔偿基金,但是存在与之相类似的制度,即质量保证金制度。

④ 参见王兰:《谈环境损害赔偿基金制度》,载《北方环境》2013 年第 8 期。

⑤ 参见高秀东:《尽快建立消费者隐性损害赔偿基金》,载《中国消费者报》2010 年 9 月 10 日,第 A02 版。

⑥ 参见瞿宗斌:《论建立学校学生伤害责任赔偿基金制度——兼与学校学生伤害责任保险制度比较》,载《太原城市职业技术学院学报》2009 年第 9 期。

⑦ 参见张晶:《海洋生态损害赔偿基金的法律性质研究——财团法人还是公益信托》,载《中国地质大学学报》(社会科学版) 2014 年 5 月增刊。

⑧ 参见董春华:《生产者破产后产品责任的解决路径》,载《南通大学学报》(社会科学版) 2014 年第 4 期。

⑨ 张新宝:《大规模侵权赔偿基金:社会管理创新的一个思路》,载《光明日报》2011 年 9 月 29 日,第 15 版。

⑩ 财政部、交通运输部联合发布《船舶油污损害赔偿基金征收使用管理办法》,自 2012 年 7 月 1 日起施行。该管理办法明确,船舶油污损害赔偿基金征收标准为每吨持久性油类物质 0.3 元。始对在中华人民共和国管辖水域内接收从海上运输持久性油类物质的货物所有人或代理人征收油污基金,用于船舶油污事故的赔偿和补偿。参见黄明明:《船舶油污损害赔偿基金 7 月 1 日起征》,载《中国保险报》2012 年 5 月 30 日,第 1 版。

感染病毒致害救济基金是否有正当性?

(一)基金救济路径是否有正当性

基金受到人们的青睐得益于各种大规模侵权所导致的范围广泛的严重伤害。对于基金在大规模侵权救济中的地位,有学者认为:“国内外学者多数认为,赔偿基金是适应性最强的大规模侵权救济模式,这也是被各国理论界与实务界的普遍认同的观点”,[①]而有学者认为:“我国《侵权责任法》在侵权责任范围、归责原则、责任构成以及侵权责任类型等方面,确立了救济、惩罚和预防等全面应对大规模侵权的多项举措,可以解决大规模侵权法律适用的特殊需求。”[②]但无论侵权法的救济手段如何完美,现实中存在大量无法通过诉讼获得救济的伤害比比皆是,说明了侵权救济手段的局限性。

1. 基金救济路径符合社会本位观的理念。从理论上来讲,基金的出现符合现代民法及损害赔偿理念的发展趋势。20世纪经济领域的巨大发展,使人类逐渐步入后果严重的风险社会,由此带来人身侵权损害问题的巨大变化。19世纪盛行的强调个人权利与自由的个人本位观逐渐失去了往昔的市场,让位于强调社会利益的社会本位观。社会本位观本是一种社会思潮,“社会本位在立法中表现为法以社会利益为终极关怀,追求公正、效率以达到整个社会利益的最大化”。[③] 在侵权法领域,社会本位观体现在越来越多的行为人要为无过错的行为导致的伤害负责任,而在损害赔偿理念上,则更强调受害人获得圆满救济。在这种背景下,支持受害人获得救济的各种路径应运而生,最终形成了对受害人救济的多元化解决机制。“大规模侵权案件的损害后果远远超出了传统侵权法损害赔偿法所能够承受的范围,直接威胁到侵权法的损害赔偿功能,导致在损害填补、风

① 孟庆吉:《大规模侵权的界定及赔偿机制的构建》,载《云南大学学报法学版》2011年第5期。

② 杨立新:《〈侵权责任法〉应对大规模侵权的举措》,载《法学家》2011年第4期。

③ 李龙亮、郭成:《社会本位——民法典的最佳选择》,载《河北法学》2002年第S1期。

险分散的功能上，形成了侵权法与保险法、社会保障法共生的局面。”[①]多元化解决机制无疑是解决现代风险社会损害救济的良策，任何单一的解决机制都不可能给受害人以全面救济，而基金救济路径正是其中的解决方法之一。

2. 基金救济路径有着侵权救济与责任保险救济无法比拟的优势。相比较侵权法，基金救济对象具有广泛性。与通过严格的诉讼程序获得赔偿相比，获得基金救济的门槛要相对低不少。而要获得侵权赔偿，受害人必须证明侵权责任的全部构成要件，作为全国血液致害典型省份的河南，尽管其胜诉率较高，但仍然比上海市血液安全基金的救济比例低 11.1%。

相比较保险体系，基金救济的可获得性和确定性要高很多。“保险理赔要受到保险金额的限制，即使存在责任保险，在某些事故损害中，可能发生了损害却无法查明加害人，或者加害人基于免责条款而被免除了责任。”[②]保险公司还要考虑盈利，对是否开设业务以及投保人获赔条件都严格加以限制。如 2003 年太平人寿就开始在上海销售两款重大疾病保险，包括“经输血导致的人类免疫缺陷病毒感染”，但投保人感染艾滋病获赔要同时满足 3 个条件：因在输液中心或医院输血导致感染艾滋病，并被认定是医疗事故；被感染者不是血友病患者；艾滋病已对客户构成生命威胁，在当时状况下无法治愈。[③] 而依据《医疗事故处理条例》，无过错输血感染不属于医疗事故，受害人据此保险获赔概率甚低。

基金救济路径的存在是必要的，它与侵权救济路径的关系也是明确的，基金救济路径不可能喧宾夺主，它只应是侵权救济的辅助，其与侵权救济之关系恰似月亮与地球之关系，在侵权法无法完成救

① 朱岩：《从大规模侵权看侵权责任法的体系变迁》，载《中国人民大学学报》2009 年第 3 期。

② 王利明：《建立和完善多元化的受害人救济机制》，载《中国法学》2009 年第 4 期。

③ 参见孟绍群：《输血感染病毒风险如何分担》，载《法制日报》2004 年 12 月 14 日，第 3 版。

济之时发挥作用,绝不可能取而代之。基金救济路径与责任保险救济路径则处于同等位阶,谁更有优势谁即发挥更重要作用。当然,过度强调基金救济的功能和重要性也不妥,一方面这会弱化对行为人不法行为的遏制及教育功能,另一方面也会增加社会公众的负担,更甚者会引发道德风险,因为有些基金也包含对行为人过错行为导致损害的救济。1992 年新西兰颁布了《事故赔偿与赔偿保险金》,但新西兰人身伤害补偿皇家调查委员会认为该做法不能发挥预防损害的功能,且“救济方法笨拙而无效率”。① 故作为侵权法救济的辅助手段,基金的设计也应该审慎。

(二)基金救济路径在输血感染病毒致害领域是否有正当性

基金救济手段已在风险社会多元化解决机制中占有一席之地,输血感染病毒致害领域采纳基金救济手段来解决侵权救济手段所不能解决的纠纷也具有正当性。

1. 输血感染病毒致害符合基金“大规模”的根本性特征

针对输血感染丙肝所建立的基金(法国、加拿大和中国上海市),都是为了救济早些年大量因输血感染丙肝的受害人,是为解决这些上升为社会事件的纠纷的一时之计。此种大规模的伤害不会再发生,该基金也就完成了其使命。但笔者倡导继续基金救济路径,基金救济的对象主要来源于医学上的窗口期,即当前科学技术的局限性导致对献血者病毒抗体的漏检,使一定比例带有病毒的血液进入流通领域。该情况不可能在短期内造成大量损害,是否就不符合基金“大规模”的特征?学者将大规模侵权的特征界定为:“侵权案件必须达到一定的数量;侵权的发生原因可以是同一个侵权行为,也可以是同质侵权行为;必须造成大范围的损害,既可包括人身损害,也

① [美]迈克尔·D.贝勒斯著:《法律的原则:一个规范的分析》,张文显等译,中国大百科全书出版社 1996 年版,第 326 页。

可包括财产损害,甚至包括纯经济损失。"[①]输血感染病毒致害基金救济路径是否也符合基金"规模化"和"范围大"的根本性特征?

笔者认为,"规模化"和"范围大"不应只是在某时间点造成的大量损害,它也应包括某个时间段造成的大量损害,不管这个时间段是1年还是几年,只要损害是可预见且确定要发生。医学上对病毒抗体检测的漏检率,使输血领域长时间持续出现一定比例的病毒感染不可避免,使未来的输血感染病毒致害纠纷采纳基金救济路径仍然符合"大规模"的特征。

2. 输血致害具有隐蔽性、持续性和严重性的特征

输血是现代医学救治病人不可替代的有效手段,但因医学技术的局限性导致窗口期的存在,以及血液中仍含有我们人类还不能识别的病毒,其导致损害将不可避免。与其他损害相比较,输血感染病毒致害有特殊性:

(1)伤害的隐蔽性。输血感染了病毒通常不会在当时即被发现,这与其他侵权行为致害的即时性有很大区别,绝大多数病毒感染都是在输血一段时间后,或者是几周、或者是几年更有10年以上者才被发现,本书224件标本案例中,发现损害距离输血时间超过10年的有131件案例,占58.5%,其中11件案例超过20年,占4.9%,足以见得损害的隐蔽性。

(2)伤害的持续性。因输血所感染的病毒多属于传染性、无疫苗的病毒,感染它们导致的伤害很难治愈,可能要伴随终生。以感染丙肝为例,丙肝经过不同时间段的潜伏期后,携带病毒多年都不会出现明显症状,但很多丙肝患者,随后会转化成肝硬化,直至肝癌。感染艾滋病毒同样如此,只不过潜伏期长些、危害严重些。

(3)伤害的严重性。在侵权损害领域,损害包括人身伤害及财产损害,人身伤害又分为轻伤、重伤和死亡。输血感染了病毒,病情

---

① 朱岩:《从大规模侵权看侵权责任法的体系变迁》,载《中国人民大学学报》2009年第3期。

都是愈发严重且不可逆转的发展趋势,绝大多数是导致死亡,这与其他行为导致的伤害有很大不同。

3. 医疗机构和血液提供机构性质特殊。医疗机构和血液提供机构不同于产品责任中的销售者与生产者,不应该通过侵权责任解决机制对其施加过重的责任,这是由它们的公益性性质以及输血、采血的非营利性决定的。我国公立医院仍然占据主导地位,据《医疗机构临床用血管理办法》,医疗机构接收了血液中心提供的血液后,并无实质性检测血液是否含有病毒的义务,其虽在输血前有告知患者或其近亲属输血风险并要求其签署知情同意书的义务,但违反告知义务是否因该"过错"必然导致其负侵权责任,并不明确。血液中心并非营利性机构。1998 年 10 月 1 日开始实施的《献血法》第 8 条规定:"血站是采集、提供临床用血的机构,是不以营利为目的的公益性组织。"《血站管理办法》第 2 条规定:"本办法所称血站是指不以营利为目的,采集、提供临床用血的公益性卫生机构。""公益性"是血站最根本的特征。血液中心所进行的血液采集、保存及运输等业务不以牟利为目的。《献血法》第 14 条规定:"公民临床用血时只交付用于血液的采集、储存、分离、检验等费用;具体收费标准由国务院卫生行政部门会同国务院价格主管部门制定。"

基于以上依据,输血感染病毒致害领域救济基金是有正当性的,尽管其有不可克服的缺陷,如无法救济受害人的后续治疗费用,也无法给予受害人精神损害赔偿,但瑕不掩瑜,用基金模式解决无过错输血的救济是可行的。

三、如何构建无过错输血的救济基金

上海市血液安全基金模式为我们解决输血纠纷提供了思路,但其存在两大问题:其一,不对过错输血和无过错输血加以区分,无端地导致补偿对象的扩大,赔偿总额的降低;其二,基金资金主要源于血液中心,而血液中心的支出来源于国家财政收入,这某种程度上助长了政府"安抚"的心态,以减少支出。笔者认为,输血基金应该针对以上问题对症下药。

（一）赔偿范围局限于无过错输血

基金作为救济手段的必要性毋庸置疑，依据基金赔偿与补偿的两种功能，笔者将基金分为两种：一为大规模侵权损害赔偿基金，另一为大规模损害救济基金。我国目前学术界所推崇的多为前者，基本未考虑后者。大规模侵权损害赔偿基金赔偿或救济的对象是因侵权而产生的损害，且“应当符合侵权责任法规定的特定类型的侵权责任之构成要件”。[①] 我国船舶油污损害赔偿基金是典型的大规模侵权损害赔偿基金。《船舶油污损害赔偿基金征收使用管理办法》第15条[②]规定的船舶油污损害赔偿基金的适用范围，可以见得船舶油污损害赔偿基金救济的是符合侵权责任损害赔偿要件的4种情形，属于行为人应付之赔偿责任。大规模损害救济基金救济的对象是非因侵权而产生的损害，行为人依据法律无须对损害负赔偿责任。加拿大针对输血感染丙肝病毒建立的基金即为损害救济基金。1999年针对1986～1990年输血感染丙肝病毒的受害人的救济方案达成一致，而丙肝病毒是美国国立卫生研究院的科学家首次于1989年发现的，1986～1990年输血感染丙肝时，全世界都并不知道丙肝病毒的存在，行为人显然不应负“侵权责任”，这如同血液中事实上永远存在还未知的病毒，不可能让行为人为所有病毒致害负责。

我国法律界对输血感染病毒的侵权属性存有争议，有无过错责

---

① 张新宝：《设立大规模侵权损害救济（赔偿）基金的制度构想》，载《法商研究》2010年第6期。

② （1）同一事故造成的船舶油污损害赔偿总额超过法定船舶所有人油污损害赔偿责任限额的；（2）船舶所有人依法免除赔偿责任的；（3）船舶所有人及其油污责任保险人或者财务保证人在财力上不能履行其部分或全部义务，或船舶所有人及其油污责任保险人或者财务保证人被视为不具备履行其部分或全部义务的偿付能力；（4）无法找到造成污染船舶的。

任说[1]与过错责任说。[2] 笔者曾经对河南省81个案例、上海市40个案例及其他省56个案例所做的统计数据显示,即使在《侵权责任法》实施后,司法实践也仍在输血感染病毒领域适用过错责任原则。[3] 本书第二章对224件标本案例归责原则的统计,仍得出同样的结论。据此,若在输血致害领域建立大规模赔偿基金,获赔需要满足侵权责任要件,这会排除最应该用基金救济的无过错输血致害,因为它不满足侵权责任要件。

输血感染病毒致害领域的基金补偿不应适用于过错输血,因为社会救助手段的产生不能让受害人获得救济的同时,纵容了侵权人的过错行为,这不会使其谨慎行事并努力减少损害的发生。将补偿范围局限于无过错输血既可以提高单个受害人的补偿额度,又能够促进基金的可持续发展,更不会纵容行为人可谴责性的过错行为。

若输血致害基金只适用于无过错输血,有学者会提出,无过错输血可依据《侵权责任法》第24条的公平责任给受害人以救济,而无须基金来救济,本书标本案例中就有16件案例采纳了公平责任原则,占案件总数的7.1%,受害人获得了补偿。但据侵权救济中的公平责任获赔无法克服以下局限性:补偿资金仍然来源于医疗机构或血液提供机构这些本无过错的非营利性公益组织,这既不能激发他

---

① 无过错责任说以王利明、杨立新、张新宝等为代表并认为:“《侵权责任法》第59条是将血液纳入产品范畴,对其致害适用无过错责任。”参见王利明著:《侵权责任法研究》(下卷),中国人民大学出版社2011年版,第414页;杨立新、杨震:《有关产品责任案例的中国法适用》,载《北方法学》2013年第5期;张新宝、任鸿雁:《我国产品责任制度:守成与创新》,载《北方法学》2012年第3期。

② 过错责任说以梁慧星、郭明瑞、侯国跃等为代表并认为:“该条规定并不意味着将血液纳入产品范畴适用无过错责任,不合格血液致害仍属过错责任。”参见梁慧星:《论〈侵权责任法〉中的医疗损害责任》,载《法商研究》2010年第6期;郭明瑞:《简论医疗侵权责任的立法》,载《政法论丛》2008年第6期;侯国跃:《输血感染损害责任的归责原则和求偿机制》,载《社会科学》2014年第2期。

③ 参见董春华:《输血致害责任归责原则实证研究》,载《华中科技大学学报》(社会科学版)2015年第5期。

们研发的积极性，也有违血液公益性之本质；受害人获赔数额很少，多为象征性补偿，只是对受害人心灵的安慰。

因此，以无过错输血为补偿标准，会大大减少基金赔付比例，无过错输血主要源于窗口期问题，其比例相对较确定，可以预见主张补偿的受害人数量，由此带来的受害人数量的减少也可以在人均补偿额度上有所提高。考虑到我国国情，将基金补偿范畴限制于无过错输血是合理的。

法院是区分过错输血致害与无过错输血致害的不二之选，任何鉴定机构都不能堪此大任。因为这不仅牵涉技术问题，更是法律和价值判断问题，是当事人在法庭上通过证据进行较量后的结果。法院依据证据规则，对双方证据进行判定，以判断是否存在输血关系，是否有感染病毒的损害后果，输血与感染病毒是否有因果关系，被告行为是否有过错。但此种判定可以简化程序，无须开庭。受害人依据法院的认定，即可向救济基金申请补偿。

（二）基金资金来源于输血患者

对于大规模侵权基金资金的来源，目前有以下几种模式：第一，侵权人捐助。[①] 因为多数学者认定基金的赔付范围是包括过错致害在内的侵权责任，故基金资金来源于侵权人具有较大的合理性。第二，社会捐助。社会捐助是指当事人以外的自然人、法人或其他组织对基金的捐款。但在侵权人最终有财力承担全部赔偿责任时，“当地红十字会取得对侵权人的代位追偿权，追回这一部分捐助款，以用于慈善项目”。[②] 第三，中央或地方政府财政拨款。但该种拨款也仍然是垫付性质，一旦侵权人有偿付能力，将有权进行追偿。由上可以看出，来源于其他渠道的基金出资人都有对侵权人追偿的权利。

---

① 我国三鹿奶粉事件发生后，相关责任企业（三鹿集团给付 9.02 亿元，其余由其他 21 家责任企业共同分担）即出资 11.1 亿元设立婴幼儿奶粉事件赔偿金。

② 张新宝：《设立大规模侵权损害救济（赔偿）基金的制度构想》，载《法商研究》2010 年第 6 期。

还有学者在倡导药品致害赔偿基金时提出“基金的资金来源按照‘谁受益,谁负责’的出资原则,带有强制性地从药厂和药品经销商的利润中提取”。[①] 但药品与血液存在的区别在于从药品生产设计至患者手中的链条上,剔除医院,仍有药厂和药品经销商这些营利性企业,但血液从采集至患者输血,只有(公立)医院和血液中心,二者都是公益性组织,且血液的流通过程是不盈利的。[②] 而传统社会救助资金多来源于纳税人,“因为社会保障制度是以高税收维持的,过高的社会保障税,往往使纳税人难以承受”。[③] 故医院、血液中心、税收以及政府财政都不是基金资金最理想的来源。

既然笔者将基金补偿范畴限于无过错输血范畴,让医院、血液中心这些非营利性组织来支付基金的资金就不合理,其未从采血、输血行为中获得收益,也无法将增加的成本加入血液价格而分摊出去。那基金应该来源于哪里,既让出资人无太大经济压力,又能让资金来源可持续而非很快枯竭?笔者认为,由输血患者分摊无过错输血致害的风险具有合理性。首先,输血患者是输血链条上唯一的获益之人,他们依靠血液或者换回了生命或者缓解了病痛。其次,他们是输血链条上唯一能够分摊损失之人。血液的价格不是医院也非血液中心所决定,由国家统一定价,医院、血液中心也不被允许像其他产品生产者、销售者一样依据事故发生率提高产品价格,即便可以,也会导致不同医院、血液中心因为事故发生率等不同使同样的血液具有完全不同的价格。最后,输血患者支付费用,类似于保险性质,即用少量的钱换得了自己遭遇无过错输血感染病毒时获得一定救济的权

---

① 刘远芬:《药害赔偿基金争议再起》,载《医药经济报》2009 年 3 月 12 日,第 B01 版。

② 《献血法》第 14 条规定:“公民临床用血时只交付用于血液的采集、储存、分离、检验等费用。”《血站管理办法》也明确规定血站是指不以营利为目的的采集、制备、储存血液,并向临床提供血液的公益性卫生机构。公立医院是非营利性组织,医生拿回扣或者以药养医等现象,不能从根本上改变公立医院的性质。

③ 王利明:《建立和完善多元化的受害人救济机制》,载《中国法学》2009 年第 4 期。

利。但该基金与保险不同,不具有营利性,剩余基金继续留存。

由输血患者分摊损失的具体做法可以参照《船舶油污损害赔偿基金征收使用管理办法》解决船舶油污损害赔偿基金的方案:凡是要输血的患者都要缴纳输血感染病毒补偿基金;补偿基金价格由财政部门根据无过错输血发生频率、当年输血总量,预估无过错输血感染病毒的人数比例,计算出无过错输血致害的成本,在输血时依据单位量进行征收,财政部门也要根据生活水平、经济发展等因素调整相关价格;缴纳方式是医院收取输血费用时统一收取,由医院上缴给财政部门,纳入"政府性基金收入"的专项"无过错输血感染病毒补偿基金",任何单位和部门不得改变该基金的征收对象和征收范围。

参考文献

一、著作

1. 杨立新主编:《世纪侵权法学会报告:产品责任》,人民法院出版社2015年版。

2. [美]小詹姆斯·A. 亨德森等著:《美国侵权法:实体与程序》,王竹、丁海俊、董春华、周玉辉译,北京大学出版社2014年版。

3. 杨立新著:《侵权法论》,人民法院出版社2013年版。

4. 冉克平著:《产品责任理论与判例研究》,北京大学出版社2014年版。

5. 朱岩著:《侵权责任法通论》,法律出版社2011年版。

6. 王利明著:《侵权责任法研究》(下卷),中国人民大学出版社2011年版。

7. 阳雪雅著:《连带责任研究》,人民出版社2011年版。

8. 陈现杰著:《〈中华人民共和国侵权责任法〉:条文精义与案例解析》,中国法制出版社2010年版。

9. 王胜明主编:《中华人民共和国侵权责任法释义》,法律出版社2010年版。

10. 全国人大常委会法制工作委员会民法室编:《〈中华人民共和国侵权责任法〉条文说明、立法理由及相关规定》,北京大学出版社2010年版。

11. 董春华著:《中美产品缺陷法律制度比较研究》,法律出版社2010年版。

12. 王泽鉴著:《侵权行为》,北京大学出版社2009年版。

13. 美国法律研究院:《侵权法重述第三版:产品责任》,肖永平等译,法律出版社 2006 年版。

14. [德]克雷斯蒂安 · 冯 · 巴尔著:《欧洲比较侵权行为法》(下),焦美华译,法律出版社 2004 年版。

15. 李国光著:《解读最高人民法院司法解释之民事卷(1997~2002)》,人民法院出版社 2003 年版。

16. 梁慧星著:《裁判的方法》,法律出版社 2003 年版。

17. 张民安著:《过错侵权责任制度研究》,中国政法大学出版社 2002 年版。

18. 王利明著:《中国民法案例与学理研究》(债权篇),法律出版社 1998 年版。

19. [美]迈克尔 · D. 贝勒斯著:《法律的原则:一个规范的分析》,张文显等译,中国大百科全书出版社 1996 年版。

20. [英]埃利斯代尔 · 克拉克著:《产品责任》,黄列等译,社会科学文献出版社 1992 年版。

21. [英]斯蒂芬森 · W. 海维特著:《产品责任法概述》,陈丽洁译,中国标准出版社 1991 年版。

22. [美]埃尔曼著:《比较法律文化》,贺卫方、高鸿钧译,生活 · 读书 · 新知三联书店 1990 年版。

23. 史尚宽著:《债法总论》,荣泰印书馆 1954 年版。

24. S. Whittaker (dir.), *The Development of Product Liability*, Cambridge University Press, 2010.

25. David G. Owen, *Products Liability Law*, Thomson West, 2008.

26. Mark A. Geistfeld, *Principles of Products Liability*, Foundation Press, 2006.

27. C. J. Miller & R. S. Goldberg, *Product Liability* (Second Edition), Oxford University Press, 2004.

28. J. Finch and P. Ranson, *Product Liability in Europe: What*

the New EEC Directive Will Mean for Pharmaceutical Companies, PJB Publications, 1986.

29. W. Page Keeton et al., *Prosser And Keeton on Torts*(5th), West Publishing. Co., 1984.

二、期刊

1. 董春华:《输血致害责任归责原则实证研究》,载《华中科技大学学报》(社会科学版)2015年第5期。

2. 董春华:《输血致害责任举证规则实证研究》,载《法学论坛》2015年第5期。

3. 董春华:《论销售者产品责任抗辩事由》,载《商业研究》2015年第1期。

4. 董春华:《生产者破产后产品责任的解决路径》,载《南通大学学报》(社会科学版)2014年第4期。

5. 张晶:《海洋生态损害赔偿基金的法律性质研究——财团法人还是公益信托》,载《中国地质大学学报》(社会科学版)2014年5月增刊。

6. 侯国跃:《输血感染损害责任的归责原则和求偿机制》,载《社会科学》2014年第2期。

7. 赵西巨:《再访我国〈侵权责任法〉第59条:情景化、类型化与限缩性适用》,载《现代法学》2014年第2期。

8. 梅瑞琦、张里安:《美国法上输血感染病毒案件判决之评析》,载《私法研究》2014年第1期。

9. 郑晶:《质量保证金的制度困境与旅游公共赔偿基金的建立——兼谈香港、台湾地区的经验》,载《旅游学刊》2013年第12期。

10. 杨立新、杨震:《有关产品责任案例的中国法适用》,载《北方法学》2013年第5期。

11. 范小华:《发展风险抗辩制度及其启示》,载《法律适用》2013年第5期。

12. 王兰:《谈环境损害赔偿基金制度》,载《北方环境》2013 年第 8 期。

13. 王竹:《论医疗产品责任规则及其准用——以〈中华人民共和国侵权责任法〉第 59 条为中心》,载《法商研究》2013 年第 3 期。

14. 郭明瑞:《关于公平责任的性质及适用》,载《甘肃社会科学》2012 年第 5 期。

15. 杨立新、岳业鹏:《医疗产品损害责任的法律适用规则及缺陷克服——"齐二药"案的在思考及〈侵权责任法〉第 59 条的解释论》,载《政治与法律》2012 年第 9 期。

16. 杨立新:《论不真正连带责任类型体系及规则》,载《当代法学》2012 年第 3 期。

17. 张新宝、任鸿雁:《我国产品责任制度:守成与创新》,载《北方法学》2012 年第 3 期。

18. 高圣平:《产品责任中生产者和销售者之间的不真正连带责任》,载《法学论坛》2012 年第 2 期。

19. 张家勇:《探索司法案例研究的运作方法》,载《法学研究》2012 年第 1 期。

20. 叶名怡:《医疗侵权责任中因果关系的认定》,载《中外法学》2012 年第 1 期。

21. 孟庆吉:《大规模侵权的界定及赔偿机制的构建》,载《云南大学学报法学版》2011 年第 5 期。

22. 环建芬:《论我国医疗损害举证责任缓和规则的建立》,载《政治与法律》2011 年第 5 期。

23. 董春华:《中美医疗器械侵权中医疗机构性质之争》,载《商业研究》2011 年第 8 期。

24. 杨立新:《〈侵权责任法〉应对大规模侵权的举措》,载《法学家》2011 年第 4 期。

25. 刘李栋:《浅谈血站在无过错输血感染中的法律责任及其补偿机制》,载《中国输血杂志》2011 年第 4 期。

26. 廖焕国:《医疗机构连带承担药品缺陷责任之质疑》,载《法学评论》2011 年第 4 期。

27. 蔡新华、唐荣才、项汉城:《从输血医疗纠纷案件中的举证责任倒置看血站业务档案管理的重要性》,载《临床输血与检验》2011 年第 3 期。

28. 胡学军:《解读无人领会的语言——医疗侵权诉讼举证责任分配规则评析》,载《法律科学》2011 年第 3 期。

29. 王宗涛:《侵权法上公平责任的适用:立法与司法的比较研究——对〈侵权责任法〉第 24 条之理解》,载《海峡法学》2011 年第 2 期。

30. 张新宝:《设立大规模侵权损害救济(赔偿)基金的制度构想》,载《法商研究》2010 年第 6 期。

31. 梁慧星:《论〈侵权责任法〉中的医疗损害责任》,载《法商研究》2010 年第 6 期。

32. 涂永前、韩晓琪:《论产品责任之发展风险抗辩》,载《西南民族大学学报》(人文社会科学版)2010 年第 10 期。

33. 陈秉喆:《侵权责任法背景下再议医疗侵权适用举证责任倒置》,载《中国卫生法制》2010 年第 5 期。

34. 杨立新:《〈侵权责任法〉改革医疗损害责任制度的成功与不足》,载《中国人民大学学报》2010 年第 4 期。

35. 艾尔肯、秦永志:《论医疗知情同意书——兼评〈侵权责任法〉第 55 条、第 56 条的规定》,载《东方法学》2010 年第 3 期。

36. 陈谷兰等:《浅析医疗举证责任倒置的去留》,载《卫生经济研究》2010 年第 2 期。

37. 顾加栋、巢敏:《侵权责任法与医疗技术损害责任相关问题》,载《南京医科大学学报》(社会科学版)2010 年第 2 期。

38. 瞿宗斌:《论建立学校学生伤害责任赔偿基金制度——兼与学校学生伤害责任保险制度比较》,载《太原城市职业技术学院学报》2009 年第 9 期。

39. 王利明:《建立和完善多元化的受害人救济机制》,载《中国法学》2009 年第 4 期。

40. 朱岩:《从大规模侵权看侵权责任法的体系变迁》,载《中国人民大学学报》2009 年第 3 期。

41. 杨立新:《论医疗产品损害责任》,载《政法论丛》2009 年第 2 期。

42. 吴祥佑、杨长海:《发展风险抗辩的论证、实践与消费者救济》,载《石家庄经济学院学报》2009 年第 1 期。

43. 杨立新:《医疗损害责任的因果关系证明及举证责任》,载《法学》2009 年第 1 期。

44. 郭明瑞:《简论医疗侵权责任的立法》,载《政法论丛》2008 年第 6 期。

45. 胡安潮:《对过错推定责任的再认识》,载《北京理工大学学报》(社会科学版)2008 年第 8 期。

46. 胡海容:《美国侵权法上连带责任的新发展及其启示》,载《法商研究》2008 年第 3 期。

47. 岳远雷:《论手术同意书的法律属性》,载《南京医科大学学报》(社会科学版)2008 年第 3 期。

48. 徐祖林:《侵权法归责原则的论争及其解析》,载《法律科学》2007 年第 6 期。

49. 刘珊:《医疗器械致人损害纠纷的疑难问题探析》,载《新学术》2007 年第 5 期。

50. 张三宝:《最高人民法院司法解释的法律效力问题——论法发〔2007〕12 号第五条的合法性》,载《信阳农业高等专科学校学报》2007 年第 3 期。

51. 陈明国:《论医疗侵权纠纷案件的举证责任》,载《西南政法大学学报》2006 年第 5 期。

52. 刘作翔、徐景和:《案例指导制度的理论基础》,载《法学研究》2006 年第 3 期。

53. 杨元海:《论我国司法解释的法律地位与效力》,载《辽东学院学报》2005 年第 5 期。

54. 陈红梅、王寨华:《论过错推定原则在我国侵权责任体系中的地位》,载《南京财经大学学报》2004 年第 4 期。

55. 孔繁军:《20 世纪 80 年代以来的医患纠纷:背景、现状与对策》,载《中国卫生法制》2004 年第 3 期。

56. 刘贵祥:《诉讼时效若干理论与实务问题研究》,载《法律适用》2004 年第 2 期。

57. 世明:《论〈医疗事故处理条例〉之完善》,载《法律适用》2004 年第 1 期。

58. 张磊:《输血感染病毒侵权赔偿研究》,载法律图书馆论文资料库:http://www.law-lib.com/lw/lw_view.asp?no=2152,最后访问日期:2015 年 4 月 24 日。

59. 李浩:《举证责任倒置:学理分析与问题研究》,载《法商研究》2003 年第 4 期。

60. 苏品璨:《目前输血工作中的几个伦理问题》,载《中国医学伦理学》2003 年第 3 期。

61. 王利明:《论举证责任倒置的若干问题》,载《广东社会科学》2003 年第 1 期。

62. 汤维建:《论民事诉讼中的举证责任倒置》,载《法律适用》2002 年第 6 期。

63. 张传读、李群星:《血站在输血感染其他疾病纠纷案件中的法律责任》,载《人民司法》2002 年第 6 期。

64. 蒋德海:《关于〈医疗事故处理条例〉的实践思考》,载《法律适用》2002 年第 11 期。

65. 李大平、白海荣:《医疗技术发展风险抗辩》,载《法律与医学杂志》2002 年第 2 期。

66. 周玉文、于福生:《试论〈献血法〉对血站法律责任的规定》,载《鸡西大学学报》2002 年第 1 期。

67. 李龙亮、郭成:《社会本位一民法典的最佳选择》,载《河北法学》2002 年第 S1 期。

68. 梁慧星:《中国产品责任法——兼论假冒伪劣之根源和对策》,载《法学》2001 年第 6 期。

69. 叶自强:《举证责任的确定性》,载《法学研究》2001 年第 3 期。

70. 刘淑芬:《试论输血感染案件中血站的法律责任》,载《黑龙江政法管理干部学院学报》1999 年第 4 期。

71. 王逸寒、卢文道:《输血感染丙肝赔偿纠纷案中的疑难法律问题探析》,载梁慧星主编:《民商法论丛》(第 14 卷),法律出版社 1999 年版。

72. 李蔚:《论产品的发展风险责任及其抗辩》,载《法学评论》1998 年第 6 期。

73. 王利明:《论过错推定》,载《政法论坛》1991 年第 5 期。

74. 江伟、宗琴娟:《关于产品责任诉讼中的举证责任》,载《中国法学》1988 年第 5 期。

75. 李浩:《我国民事诉讼中举证责任含义新探》,载《西北政法学院学报》1986 年第 3 期。

76. 王卫国:《试论民事责任的过错推定》,载《法学研究》1982 年第 5 期。

77. S. Todd Brown, "Section 524 (g) without compromise: Voting Rights and the Asbestos Bankruptcy Paradox", 2008 *COLUM. BUS. L. REV.* 841(2008).

78. Nancy C. Marcus, "Phantom Parties and Other Practical Problems with the Attempted Abolition of Joint and Several Liability", 60 *Ark. L. Rev.* 437(2007).

79. MIA Vega, "The Defense of Development Risks in Spanish Law", [1997] *Consum. L. J.* 144.

80. W. Kip Viscusi et al., "Deterring Inefficient Pharmaceutical

Litigation: An Economic Rationale for the FDA Regulatory Compliance Defense", 24 *Seton Hall L. Rev.* 1437(1994).

81. Cantu, Charles E., "Illusive Meaning of the Term Product under Section 402A of the Restatement (Second) of Torts", 44 *Okla. L. Rev.* 635(1991).

82. Charles E. Cantu, "The Illusive Meaning of the Term 'Product' Under Section 402A of the Restatement Second of Torts", 44 *OKLA. L. REV.* 635(1991).

三、报纸

1. 李小兵:《赔偿基金:应对登记错误赔偿的最佳选择》,载《中国国土资源报》2014 年 8 月 15 日,第 5 版。

2. 毕淑娟:《建立医疗意外损害赔偿基金化解医疗纠纷》,载《中国联合商报》2014 年 3 月 17 日,第 B04 版。

3. 上证报两会报道组:《湖北证监局局长芮跃华:尽快建立证券投资者赔偿基金制度》,载《上海证券报》2014 年 3 月 10 日,第 2 版。

4. 毛万熙:《业内人士建议完善投资者赔偿基金制度》,载《中国证券报》2013 年 11 月 29 日,第 A05 版。

5. 黄明明:《船舶油污损害赔偿基金 7 月 1 日起征》,载《中国保险报》2012 年 5 月 30 日,第 1 版。

6. 张新宝:《大规模侵权赔偿基金:社会管理创新的一个思路》,载《光明日报》2011 年 9 月 29 日,第 15 版。

7. 陈惠、王冰:《侵权责任法:为举证责任倒置松绑》,载《中国社区医师》2010 年第 6 期,第 3 版。

8. 高秀东:《尽快建立消费者隐性损害赔偿基金》,载《中国消费者报》2010 年 9 月 10 日,第 A02 版。

9. 刘远芬:《药害赔偿基金争议再起》,载《医药经济报》2009 年 3 月 12 日,第 B01 版。

10. 孟绍群:《输血感染病毒风险如何分担》,载《法制日报》2004

年12月14日,第3版。

11. 罗文志:《美国建立“投资者赔偿基金”》,载《中国证券报》2002年9月14日,第4版。

12. 梁慧星:《输血感染案件的法律运用》,载《人民法院报》1998年9月29日,第3版。

四、英文案例

1. A v. National Blood Authority, [2001] 3 All ER 289(QBD).

2. Grabam Barclay Oysters Pty Ltd. v. Ryan, (2000) 102 FCR 307.

3. Vassallo v. Baxter Healthcare Corp., 696 N. E. 2d 909(Mass. 1998).

4. Spence v. Miles Laboratories, Inc., 37 F. 3d 1185(6th Cir. 1994).

5. Brown v. Superior Court, 751 P. 2d 470(Cal. 1988).

6. Feldman v. Lederle Labs., 479 A. 2d 374(N. J. 1984).

7. Beshada v. Johns-Manville Products Corp., 447 A. 2d 539(N. J. 1982).

8. Rostocki v. Southwest Florida Blood Bank, Inc., 276 So. 2d 475(Fla. 1973).

9. United States v. Carroll Towing Co., 159 F. 2d 169(2d. Cir. 1947).

附录　标本案例

1. 某医院与何某案,河南省平顶山市中级人民法院民事判决书(2013)平民三终字第24号。

2. 袁某诉舞阳钢铁有限责任公司职工医院案,河南省平顶山市舞钢市人民法院民事判决书(2011)舞民初字第272号。

3. 刘某与平顶山煤业(集团)十二矿医院案,河南省平顶山市中级人民法院民事判决书(2009)平民二终字第760号。

4. 平顶山市红十字中心血站、汝州市第四人民医院、汝州市第一人民医院与魏某案,河南省平顶山市中级人民法院民事判决书(2009)平民三终字第308号。

5. 梁某与平顶山煤业(集团)有限责任公司总医院案,河南省平顶山市中级人民法院民事判决书(2010)平民三终字第228号。

6. 李某与平顶山市第一人民医院、平顶山市妇幼保健院案,河南省平顶山市卫东区人民法院民事判决书(2009)卫民初字第264号。

7. 毛某与解放军某医院案,河南省焦作市山阳区人民法院民事判决书(2012)山民初字第1097号。

8. 张某与焦作市第二人民医院案,解放区人民法院民事判决书(2009)解民初字第231号。

9. 秦某与焦作煤业(集团)有限公司中央医院案,解放区人民法院民事判决书(2008)解民初字第366号。

10. 焦作市第二人民医院与袁某案,河南省焦作市中级人民法院民事判决书(2011)焦民一终字第397号。

11. 李某与焦作市人民医院、焦作市中心血站案,河南省焦作市中级人民法院民事判决书(2010)焦民一终字第9号。

12. 连某与博爱县人民医院、焦作市中心血站案,河南省焦作市中级人民法院民事判决书(2009)焦民终字第1310号。

13. 焦作市人民医院与丹某案,河南省焦作市中级人民法院民事判决书(2009)焦民终字第1133号。

14. 李某、逯某与博爱县人民医院案,河南省焦作市中级人民法院民事判决书(2008)焦民终字第855号。

15. 王某与遂平县人民医院案,河南省驻马店市中级人民法院民事判决书(2011)驻民三终字第264号。

16. 任某与中国人民解放军第一五九医院案,河南省驻马店市驿城区人民法院民事判决书(2009)驿民初字第629号。

17. 北某与驻马店市第一人民医院案,河南省驻马店市中级人民法院民事判决书(2010)驻民三终字第727号。

18. 陈某与驻马店市中心血站案,河南省驻马店市中级人民法院民事判决书(2012)驻民三终字第38号。

19. 姚某与驻马店市第一人民医院案,河南省驻马店市中级人民法院民事判决书(2010)驻民三终字第486号。

20. 付某、三门峡市中心血站与三门峡金渠医院案,河南省三门峡市中级人民法院民事判决书(2008)三民终字第570号。

21. 王某与黄河三门峡医院、三门峡市中心血站案案,河南省三门峡市湖滨区人民法院民事判决书(2008)湖民一初字第684号。

22. 金某诉河南大学淮河医院案,河南省开封市鼓楼区人民法院民事判决书(2010)鼓民初字第660号。

23. 郑某与唐河县中医院案,河南省唐河县人民法院民事判决书(2012)唐民一初字第1005号。

24. 陈某与商丘市妇幼保健院案,河南省商丘市梁园区人民法院民事判决书(2010)商梁民初字第1178号。

25. 何某与永城市第五人民医院、商丘市中心血站案,河南省商丘市睢阳区人民法院民事判决书(2009)商睢区民初字第1479号。

26. 陈某与中国人民解放军第一五四医院案，河南省信阳市浉河区人民法院民事判决书（2010）信浉民初字第1729号。

27. 王某与郑州市骨科医院案，河南省郑州市二七区人民法院民事判决书（2009）二七民一初字第1469号。

28. 河南省人民医院与薛某案，河南省郑州市中级人民法院民事判决书（2011）郑民一终字第1119号。

29. 那某与洛阳轴承集团有限公司总医院、洛阳市中心血站案，河南省洛阳市中级人民法院民事判决书（2010）洛民终字第912号。

30. 郭某与洛阳市某医院案，河南省洛阳市中级人民法院民事判决书（2010）洛民终字第1262号。

31. 吕某与中国人民解放军第一五〇中心医院案，河南省洛阳市涧西区人民法院民事判决书（2012）涧民三初字第459号。

32. 耿某与郑州大学第三附属医院、河南省红十字血液中心案，河南省郑州市二七区人民法院民事判决书（2012）二七民一初字第1714号。

33. 马某与新乡市中心医院案，河南省新乡市中级人民法院民事判决书（2010）新中民一终字第40号。

34. 新乡市第二人民医院与李某案，河南省新乡市中级人民法院民事判决书（2010）新中民一终字第386号。

35. 郑州市中心医院与李某案，河南省郑州市中级人民法院民事判决书（2010）郑民二终字第448号。

36. 安某与临颍县人民医院案，河南省漯河市临颍县人民法院民事裁判书（2009）临民初字第171号。

37. 刘某与漯河市第五人民医院案，河南省高级人民法院民事判决书（2008）豫法民再字第101号。

38. 谷某与尉氏县人民医院、开封市中心血站案，河南省开封市尉氏县人民法院民事裁判书（2009）尉民初字第13号。

39. 李某与长葛市人民医院案，河南省长葛市人民法院民事判决书（2010）长民初字第00150号。

40. 胥某与濮阳市油田总医院、濮阳市疾病预防控制中心案，河南省濮阳市中级人民法院民事判决书(2011)濮中法民一终字第647号。

41. 马某与三门峡市中心血站、义马煤业(集团)有限责任公司总医院案，河南省三门峡市中级人民法院民事判决书(2012)三民四终字第44号。

42. 赵某与郑州市上街区人民医院案，河南省郑州市中级人民法院民事判决书(2011)郑民一终字第476号。

43. 赵某与新郑市人民医院案，河南省新郑市人民法院民事判决书(2011)新民初字第0266号。

44. 索某与郑州市第一人民医院案，河南省南阳市中级人民法院民事判决书(2011)南民再字第50号。

45. 谭某与汤阴县卫生局、汤阴县中西医结合医院案，河南省高级人民法院民事裁定书(2010)豫法民申字第00030号。

46. 朱某与中国人民解放军第150中心医院案，河南省洛阳市涧西区人民法院民事判决书(2009)涧民一初字第592号。

47. 薛某与临颍县人民医院案，河南省漯河市中级人民法院民事判决书(2010)漯民二终字第223号。

48. 张某与商丘市妇幼保健院案，河南省商丘市中级人民法院民事判决书(2010)商民终字第387号。

49. 魏某与南阳市中心医院案，河南省南阳市宛城区人民法院民事判决书(2010)宛民初字第417号。

50. 南阳市中心血站与丁某、河南省南阳市第一人民医院案，河南省高级人民法院民事裁定书(2010)豫法民申字第04649号。

51. 周某与汝南县人民医院案，河南省汝南县人民法院民事判决书(2011)汝民初字第63号。

52. 平能化医疗集团总医院与许某案，河南省平顶山市中级人民法院民事判决书(2012)平民终字第87号。

53. 博爱县人民医院与章某林、章某杰、章某涛案，河南省焦作市中级人民法院民事判决书(2014)焦民二终字第 90 号。

54. 焦某与河南省人民医院案,河南省郑州市中级人民法院(2013)郑民一终字第 824 号。

55. 艾某与中平能化医疗集团总医院、平顶山市红十字中心血站案,河南省平顶山市新华区人民法院民事判决书(2012)新民初字第1116 号。

56. 李某与孟州市人民医院案,河南省焦作市孟州市人民法院民事判决书(2015)孟民一初字第 00060 号。

57. 杨某诉漯河市中心血站、漯河市中心医院案,河南省漯河市召陵区人民法院民事判决书(2012)召民一初字第 103 号。

58. 刘某与中国人民解放军第一五九医院案,河南省驻马店市驿城区人民法院民事判决书(2014)驿民初字第 2983 号。

59. 谷某与许昌县人民医院案,河南省许昌县人民法院民事判决书(2014)许县民一初字第 218 号。

60. 杜某与滑县人民医院案,河南省安阳市滑县人民法院民事判决书(2012)滑民初字第 294 号。

61. 新蔡县老年病医院与马某、新蔡县第二人民医院案,河南省高级人民法院民事判决书(2008)豫法民提字第 103 号。

62. 田某、郑某、周某等与河南电力医院案,河南省郑州市中级人民法院二〇〇二年八月十二日民事判决书,北大法意网。

63. 李某与新野县人民医院、新野县卫生局案,河南省高级人民法院民事调解书(2000)豫法民终字第 340 号。

64. 王某与郏县第二人民医院案,河南省平顶山市郏县人民法院民事判决书(2013)郏民初字第 8 号。

65. 中平能化医疗集团总医院与郑某案,河南省平顶山市中级人民法院民事裁定书(2012)平民终字第 121 号。

66. 李某与宝丰县人民医院、宝丰县卫生防疫站案,河南省平顶山市宝丰县人民法院民事判决书(2011)宝民初字第 1070 号。

67. 李某与平顶山市第一人民医院案,河南省平顶山市中级人民法院民事判决书(2011)平民二终字第647号。

68. 何某与驻马店市中心医院案,河南省驻马店市中级人民法院民事判决书(2012)驻民三终字第529号。

69. 三门峡市中心血站与韩某、杨某、黄河三门峡医院案,河南省三门峡市中级人民法院民事判决书(2012)三民三终字第195号。

70. 三门峡市中心医院、三门峡市中心血站与毛某案,河南省三门峡市中级人民法院民事裁判书(2012)三民终字第88号。

71. 中国人民解放军第一五九医院与杨某案,河南省驻马店市中级人民法院民事判决书(2012)驻民三初字第494号。

72. 张某与三门峡市中心血站、黄河三门峡医院案,河南省三门峡市湖滨区人民法院民事判决书(2011)湖民一初字第339号。

73. 张某与中国人民解放军第一五四医院案案,河南省信阳市浉河区人民法院民事判决书(2011)信浉民初字第142号。

74. 李某与河南省红十字血液中心、郑州大学第一附属医院案,河南省郑州市中级人民法院民事判决书(2013)郑民二终字第777号。

75. 平顶山市第二人民医院与李某案,河南省平顶山市中级人民法院民事判决书(2013)平民三终字第407号。

76. 陈某与南阳医学高等专科学校第一附属医院案,河南省南阳市卧龙区人民法院民事判决书(2013)宛龙民一初字第128号。

77. 杜某与河南省洛阳正骨医院、洛阳市中心血站案,河南省洛阳市瀍河回族区人民法院民事裁判书(2012)瀍民初字第184号。

78. 郑州人民医院与王某案,河南省郑州市中级人民法院民事判决书(2014)郑民一终字第779号。

79. 郅某与宝丰县人民医院案,河南省平顶山市宝丰县人民法院民事判决书(2013)宝民初字第1292号。

80. 罗某与河南大学淮河医院案,河南省开封市中级人民法院民事判决书(2014)汴民终字第227号。

81. 张某与中国人民解放军第154医院案,河南省信阳市中级人民法院(2013)信中法民终字第1335号。

82. 袁某与焦作煤业(集团)有限责任公司中央医院案,解放区人民法院(2011)解民初字第595号。

83. 王某与焦作市人民医院案,河南省焦作市山阳区人民法院民事判决书(2014)山民一初字第00333号。

84. 王某与焦作市人民医院案,河南省焦作市山阳区人民法院民事判决书(2014)山民二初字第00134号。

85. 田某与焦作煤业集团有限责任公司中央医院案,河南省焦作市解放区人民法院民事判决书(2013)解民二初字第690号。

86. 侯某与焦作市人民医院案,河南省焦作市山阳区人民法院民事判决书(2014)山民二初字第00347号。

87. 李某耀、李某红、李某伟与焦作煤业(集团)有限责任公司中央医院案,河南省焦作市解放区人民法院民事判决书(2012)解民初字第19号。

88. 河南省洛阳正骨医院与刘某、扶沟县中医院案,河南省周口市中级人民法院民事判决书(2015)周民终字第732号。

89. 平煤神马医疗集团总医院与徐某案,河南省平顶山市中级人民法院民事判决书(2014)平民三终字第540号。

90. 三门峡市中心血站与吴某、三门峡市第三人民医院案,河南省三门峡市中级人民法院民事裁定书(2015)三民终字第00277号。

91. 南阳市第一人民医院与周某、南阳市中心血站案,河南省南阳市中级人民法院民事判决书(2015)南民二终字第00514号。

92. 荥阳市妇幼保健院与耿某、荥阳市人民医院案,河南省高级人民法院民事裁定书(2013)豫法立二民申字第01649号。

93. 中国人民解放军第一五五中心医院与张某案,河南省开封市中级人民法院民事判决书(2015)汴民终字第400号。

94. 平顶山市第二人民医院宝丰分院与姬某案,河南省平顶山市中级人民法院民事判决书(2014)平民二终字第649号。

95. 焦作卫生医药学校附属医院与刘某案,河南省焦作市中级人民法院民事判决书(2015)焦民二终字第00266号。

96. 马某与河南科技大学第一附属医院案,河南省高级人民法院民事裁定书(2013)豫法立二民申字第01624号。

97. 张某与邓州市中心医院案,河南省邓州市人民法院民事判决书(2014)邓法民初字第818号。

98. 刘某与扶沟县中医院、河南省洛阳正骨医院案,河南省周口市扶沟县人民法院民事判决书(2014)扶民初字第592号。

99. 徐某与某医院案,河南省平顶山市新华区人民法院民事判决书(2013)新民初字第2245号。

100. 周某与南阳市第一人民医院、南阳市中心血站案,河南省南阳市宛城区人民法院民事判决书(2014)宛民初字第1871号。

101. 张某与中国人民解放军第一五九医院案,河南省驻马店市驿城区人民法院民事判决书(2014)驿民初字第3299号。

102. 陈某与郑州市第三人民医院、河南省红十字血液中心案,河南省郑州市管城回族区人民法院民事判决书(2014)管民初字第2229号。

103. 叶某与医专一附院案,河南省南阳市卧龙区人民法院民事判决书(2013)宛龙民一初字第620号。

104. 李某与郑州大学第一附属医院、河南省红十字血液中心等案,河南省郑州市二七区人民法院民事判决书(2013)二七民一初字第2980号。

105. 阚某与大屯煤电(集团)有限责任公司、大屯煤电(集团)有限责任公司中心医院案,江苏省徐州市中级人民法院民事判决书(2010)徐民终字第1397号。

106. 陈某与徐州市中心医院、徐州市红十字血液中心案,江苏省徐州市中级人民法院民事判决书(2009)徐民一终字第1466号。

107. 赵某与邳州市炮车中心卫生院案,江苏省徐州市中级人民法院民事裁定书(2008)徐民一审监字第492号。

108. 顾某与江苏省国营弶港农场、江苏省海安县医药总公司案,江苏省东台市人民法院、(2005)东民一初字第890号。

109. 袁某与徐州市中心医院、徐州市红十字血液中心案，江苏省徐州市中级人民法院(2013)徐民终字第1957号。

110. 张某与徐州市红十字血液中心、徐州矿务集团第一医院案，江苏省高级人民法院(2013)苏审二民申字第767号。

111. 王某与南京市第一医院案，江苏省南京市雨花台区人民法院民事判决书(2004)雨民一初字第151号。

112. 刘某与中国人民解放军南京军区南京总医院、江苏省血液中心、安徽医科大学附属巢湖医院、合肥市中心血站巢湖分站案，江苏省高级人民法院民事裁定书(2014)苏审三民申字第00981号。

113. 吴某与苏州大学附属第二医院案，江苏省苏州市中级人民法院民事判决书(2014)苏中民终字第04570号。

114. 宋某与澧县中医院案，湖南省常德市中级人民法院民事判决书(2010)常民一终字第440号。

115. 张某与临澧县人民医院案，湖南省常德市临澧县人民法院民事判决书(2009)临民一初字第143号。

116. 陈某与怀化医学高等专科学校附属怀化市某医院案，湖南省怀化市鹤城区人民法院民事判决书(2011)怀鹤民一初字第1088。

117. 陈某与中南大学某医院案，湖南省长沙市芙蓉区人民法院民事判决书(2010)芙民初字第419号。

118. 谢某与资兴市某医院案，湖南省郴州市中级人民法院民事判决书(2011)郴民一终字第429号。

119. 王某诉南华大学附属第三医院、衡阳市中心血站案，湖南省衡阳市珠晖区人民法院民事判决书(2013)珠民一初字第506号。

120. 王某军、王某佳、王某杰、靳某绪、王某兰与沙河市康泰医院案，河北省高级人民法院(2004)冀民一终字第38号。

121. 刘某诉石家庄市第四医院、河北省血液中心案，河北省石家庄市长安区人民法院民事判决书(2011)长民初字第2092号。

122. 孟某与冀中能源邢台矿业集团有限责任公司、邢台矿业集团有限责任公司显德汪分公司职工医院案，河北省邢台市桥西区人民法院民事判决书(2013)西民初字第1501号。

123. 项某、尤某与承德市第六医院案,河北省承德市中级人民法院民事判决书(2014)承民终字第01213号。

124. 芦某与邢台市人民医院医疗案,河北省邢台市桥东区人民法院民事判决书(2013)邢东民初字第797号。

125. 袁某与河北联合大学附属医院案,河北省唐山市路北区人民法院民事判决书(2009)北民初字第2860号。

126. 张某与中国人民解放军第四军医大学唐都医院案,陕西省西安市灞桥区人民法院民事判决书(2007)灞民初字第66号。

127. 陈某与渭南市中心医院案,陕西省渭南市临渭区人民法院民事判决书(2014)临渭民初字第00879号。

128. 金某与中国人民解放军第四军医大学唐都医院案,陕西省西安市灞桥区人民法院民事判决书(2008)灞民初字第1959号。

129. 李某与陕西省第二人民医院案,陕西省西安市新城区人民法院民事判决书(2011)新民一初字第00027号。

130. 党某与金堆城钼业集团有限公司职工总医院案,陕西省华县人民法院民事判决书(2009)华民初字第424号。

131. 王某诉蒲城县公安局案,陕西省蒲城县人民法院民事判决书(2013)蒲民初字第00819号。

132. 安徽省宿州市立医院与李某案,安徽省宿州市中级人民法院民事判决书(2013)宿中民三终字第00363号。

133. 淮北矿工总医院集团与高某案,安徽省淮北市中级人民法院民事判决书(2014)淮民一终字第00298号。

134. 蔡某与安徽省立医院案,安徽省合肥市庐阳区人民法院民事判决书(2013)庐民一初字第02236号。

135. 丁某与南陵县单采血浆站、马鞍山市中心血站案,安徽省马鞍山市花山区人民法院民事判决书(2014)花民一初字第01083号。

136. 陆某与芜湖市第一人民医院、芜湖市中心血站案,安徽省芜湖市镜湖区人民法院民事判决书(2012)镜民一初字第00448号。

137. 新疆生产建设兵团中心血站、新疆医科大学第一附属医院与苏某案，新疆维吾尔自治区乌鲁木齐市中级人民法院民事判决书（2014）乌中民一终字第 336 号。

138. 赵某与石河子市人民医院案，新疆维吾尔自治区石河子市人民法院民事判决书（2014）石民初字第 1803 号。

139. 王某与华中科技大学同济医学院附属同济医院、武汉血液中心案，湖北省武汉市硚口区人民法院（2013）鄂硚口民一初字第 00927 号。

140. 韩某与华润武钢总医院案，湖北省武汉市青山区人民法院民事判决书（2015）鄂青山民一初字第 00107 号。

141. 胡某与武汉血液中心案，湖北省武汉市硚口区人民法院民事判决书（2014）鄂硚口民一初字第 00280 号。

142. 东营市河口区人民医院与王某案，山东省东营市中级人民法院民事判决书（2011）东民一终字第 101 号。

143. 枣庄矿业（集团）有限责任公司滕南医院、枣庄矿业集团公司滕南医院与王某案，山东省枣庄市中级人民法院民事判决书（2011）枣民一终字第 139 号。

144. 邵某与平阴县人民医院案，山东省平阴县人民法院（2009）平民一初字第 372 号。

145. 谢某与张掖市人民医院案，甘肃省张掖市甘州区人民法院民事判决书（2004）甘民初字第 1770 号。

146. 顾某与昆明市延安医院案，云南省昆明市中级人民法院民事判决书（2009）昆民三终字第 270 号。

147. 胡某与重庆市血液中心、重庆医科大学附属第一医院案，重庆市第五中级人民法院民事判决书（2009）渝五中法民终字第 843 号。

148. 李某与安福县人民医院案，江西省安福县人民法院民事判决书（2009）安民初字第 349 号。

149. 前郭县人民医院与孙某案，吉林省松原市中级人民法院民事裁定书(2009)松民一终字第407号。

150. 杜某与晋城无烟煤矿业集团有限责任公司总医院、晋城市人民医院案,山西省晋城市城区人民法院民事判决书(2014)城民初字第246号。

151. 王某、廊坊血站与天津医院案,天津市第二中级人民法院民事判决书(2014)二中民四终字第400号。

152. 北京市红十字血液中心与何某案,北京市第一中级人民法院民事判决书(2015)一中民终字第04671号。

153. 陈某与襄阳职业技术学院附属医院案,湖北省襄阳市襄城区人民法院民事判决书(2014)鄂襄城民一初字第00021号。

154. 中心医院与郭某、王某案,湖北省襄阳市中级人民法院民事判决书,(2014)鄂襄阳中民二终字第00192号。

155. 高某与湖北襄棉集团有限责任公司案,湖北省襄阳市樊城区人民法院民事判决书(2014)鄂樊城民二初字第00338号。

156. 杨某与襄阳市中心医院案,湖北省襄阳市中级人民法院民事判决书,(2014)鄂襄阳中民二终字第00354号。

157. 付某与宜城市人民医院、湖北省沙洋监狱管理局总医院案,湖北省襄阳市宜城市人民法院民事判决书(2013)鄂宜城民三初字第00044号。

158. 孝感市中心医院与汤某案,湖北省孝感市中级人民法院民事判决书(2014)鄂孝感中民一终字第00331号。

159. 文某与孝感市中心医院、孝感市中心血站案,湖北省孝感市中级人民法院民事裁判书(2012)鄂孝感中民一终字第00281号。

160. 祝某与孝感市中心医院案,湖北省孝感市孝南区人民法院民事判决书(2015)鄂孝南民初字第00251号。

161. 毕某与浠水县人民医院案,湖北省浠水县人民法院民事判决书(2013)鄂浠水民初第00911号。

162. 龚某与利川市人民医院案,湖北省利川市人民法院民事判决书(2014)鄂利川民初字第00640号。

163. 刘某与中国人民解放军第一六一医院案，湖北省武汉市江岸区人民法院民事判决书（2015）鄂江岸民初字第00010号。

164. 李某与武汉市中心医院案，湖北省武汉市江岸区人民法院民事判决书（2013）鄂江岸民初字第00870号。

165. 陈某与武汉亚洲心脏病医院、武汉血液中心案，湖北省武汉市江汉区人民法院民事判决书（2013）鄂江汉民一初字第00433号。

166. 方某与华中科技大学同济医学院附属协和医院、孝感市中心血站案，湖北省武汉市江汉区人民法院民事判决书（2014）鄂江汉民一初字第00453号。

167. 宋某与蕲春县李时珍医院案，湖北省黄冈市蕲春县人民法院民事判决书（2013）鄂蕲春民一初字第00191号。

168. 胡某与靖江市人民医院、中国人民解放军第一〇一医院案，江苏省靖江市人民法院民事判决书（2014）泰靖民初字第2248号。

169. 刘某与如皋市人民医院案，江苏省南通市中级人民法院民事判决书（2014）通中民终字第2435号。

170. 赵某与宝应县人民医院案，江苏省扬州市中级人民法院民事判决书（2014）扬民终字第1711号。

171. 唐某与丰县人民医院、丰县欢口镇中心卫生院等案，江苏省徐州市丰县人民法院民事判决书（2013）丰顺民初字第0133号。

172. 毛某与徐州市第一人民医院、徐州市红十字血液中心案，江苏省徐州市中级人民法院民事判决书（2014）徐民终字第2042号。

173. 翁某与江苏省肿瘤医院、深圳市人民医院、复旦大学附属华山医院案，江苏省高级人民法院民事裁定书（2013）苏审二民申字第828号。

174. 李某与岳阳市云溪区人民医院案，湖南省岳阳市中级人民法院民事判决书（2015）岳中民三终字第136号。

175. 肖某与怀化市第五人民医院、广州铁路（集团）公司案，湖南省怀化市中级人民法院民事判决书（2015）怀中民一终字第165号。

176. 曹某诉湖南省澧县某医院案，湖南省常德市澧县人民法院民事判决书(2013)澧民一初字第1268号。

177. 衡阳市中心血站、成都蓉生药业有限责任公司与周某、衡阳市中心医院、湖南省瑞格医药有限公司案，湖南省衡阳市中级人民法院民事判决书(2012)衡中法民四终字第108号。

178. 周某诉中国人民解放军某医院等案，湖南省衡阳市珠晖区人民法院民事判决书(2012)珠民一初字第151号。

179. 潘某与浏阳市镇头镇中心卫生院、浏阳市人民医院、长沙血液中心案，湖南省浏阳市人民法院民事判决书(2013)浏民初字第01940号。

180. 山西省儿童医院、山西省人民医院与邸某案，山西省太原市中级人民法院民事判决书(2015)并民终字第728号。

181. 方某与山西省儿童医院案，山西省太原市中级人民法院民事判决书(2014)并民终字第210号。

182. 林某与太原市第三人民医院案，山西省太原市中级人民法院民事判决书(2014)并民终字第392号。

183. 郭某与山西省妇幼保健院案，山西省太原市中级人民法院民事判决书(2015)并民终字第265号。

184. 忻州市中心医院与张某、付某案，山西省忻州市中级人民法院民事判决书(2014)忻中民终字第172号。

185. 戚某与安徽省宿州市立医院案，安徽省宿州市中级人民法院民事判决书(2013)宿中民三终字第00591号。

186. 洪某与南陵县人民医院案，安徽省芜湖市中级人民法院民事判决书(2014)芜中民一终字第00157号。

187. 杭州市红十字会医院与潘某、中国人民武装警察部队浙江省总队杭州医院、浙江大学医学院附属第二医院案，(2013)浙杭民终字第3054号，浙江省杭州市中级人民法院民事判决书。

188. 朱某与浙江大学医学院附属儿童医院案，浙江省杭州市下城区人民法院民事判决书(2012)杭下民初字第1490号。

189. 余某与苏州市立医院案，浙江省湖州市中级人民法院民事判决书(2014)浙湖民终字第162号。

190. 于某与河北医科大学第三医院、河北省血液中心案，河北省石家庄市中级人民法院民事判决书(2014)石民二终字第00013号。

191. 河北省血液中心与李某案，河北省石家庄市中级人民法院民事判决书(2013)石民六终字第00689号。

192. 包某与石家庄市第一医院、河北省血液中心等案，河北省石家庄市中级人民法院民事判决书(2014)石民一终字第00229号。

193. 滕州市中心人民医院与曹某案，山东省枣庄市中级人民法院民事判决书(2014)枣民五终字第209号。

194. 马某与山东省夏津县人民医院案，山东省德州市中级人民法院民事判决书(2013)德中民终字第337号。

195. 高某与北京大学人民医院案，北京市西城区人民法院民事判决书(2015)西民初字第8616号。

196. 常某与卫生部北京医院、北京市通州区中心血站案，北京市东城区人民法院民事判决书(2012)东民初字第01200号。

197. 廉某与天津市滨海新区塘沽妇产医院案，天津市第二中级人民法院民事判决书(2014)二中民四终字第657号。

198. 刘某与天津医科大学总医院、天津医院案，天津市和平区人民法院民事判决书(2014)和民一初字第0336号。

199. 祁某与甘肃省武威肿瘤医院、武威市中心血站案，甘肃省武威市中级人民法院民事判决书(2015)武中民终字第50号。

200. 张某与中国人民解放军第十医院、中卫市人民医院案，甘肃省武威市凉州区人民法院民事判决书(2012)凉民初字第811号。

201. 张某与丰都县人民医院案，重庆市丰都县人民法院民事判决书(2014)丰法民初字第01133号。

202. 宿某与舒兰矿业(集团)有限责任公司总医院案，吉林省吉林市中级人民法院民事判决书(2014)吉中民一终字第717号。

203. 王某与县人民医院案，陕西省咸阳市中级人民法院民事判决书(2014)咸中民终字第00417号。

204. 雷某与被告新疆生产建设兵团第七师医院案,新疆生产建设兵团奎屯垦区人民法院民事判决书(2014)奎垦民一初字第4号。

205. 高某与某人民医院、某血站案,黑龙江省双城市人民法院民事判决书(2012)双商初字第1288号、黑龙江省哈尔滨市中级人民法院民事判决书(2014)哈民二民终字第918号。

206. 海西蒙古族藏族自治州第二人民医院与刘某案,青海省海西蒙古族藏族自治州中级人民法院民事判决书(2013)西民一终字第191号。

207. 龚某与海军414医院、南京市红十字血液中心案,南京市中级人民法院(北大法意网)。

208. 申甲、申乙、陈某等与吴县市第一人民医院、苏州市红十字中心血站、靖江市血站等案,江苏省苏州市中级人民法院(2001)苏中民一终字第1032号。

209. 朱某与高邮市人民医院、高邮市中心血库案,江苏省高邮市人民法院民事判决书(1999)邮民初字第763号。

210. 南京市鼓楼医院、南京红十字血液中心与王某案,江苏省南京市中级人民法院民事判决书(1999)宁民终字第684号。

211. 南通医学院附属医院、南通市红十字中心血站、南通市卫生局与王某案,江苏省南通市中级人民法院(1998)通民终字第2087号。

212. 张某与临澧县中医院案,湖南省临澧县人民法院民事调解书(2000)临民初字第248号。

213. 李某与胜利石油管理局滨海医院案,山东省东营市中级人民法院民事判决书(2001)东民初字第18号。

214. 李某与武昌县人民医院案,湖北省武汉市中级人民法院民事判决书(北大法意网)。

215. 刘某与伊通满族自治县中医院、伊通满族自治县血站、伊通满族自治县第一人民医院案,吉林省伊通满族自治县人民法院民事判决书(1998)伊镇民初字第152号。

216. 饶某、董某与东莞三局医院案,广东省东莞市人民法院民事判决书(2001)东民初字第3752号。

217. 白某、五台县第二人民医院与忻州市人民医院案,山西省高级人民法院民事判决书(2001)晋民一终字第35号。

218. 孙某与五台县第二人民医院案,山西省高级人民法院民事判决书(2001)晋民一终字第36号。

219. 新疆维吾尔自治区建工医院与李某、乌鲁木齐市血液中心案,新疆维吾尔自治区乌鲁木齐市中级人民法院民事判决书(1998)乌中民终字第1327号。

220. 张某与武警某总队医院、嘉兴市某血站案,浙江省嘉兴市南湖区人民法院民事判决书(2010)嘉南民初字第2301号。

221. 陈某与博白县中医院案,西壮族自治区博白县人民法院(2013)博民初字第2312号、广西壮族自治区玉林市中级人民法院民事判决书(2014)玉中民三终字第39号。

222. 张某与怀化市某医院案,湖南省怀化市鹤城区人民法院民事判决书(2011)怀鹤民一初字第1460号。

223. 谭某与攸县第三人民医院案,湖南省株洲市中级人民法院民事判决书(2009)株中法民一终字第337号。

224. 宋某诉临汾市尧都区第二人民医院案,山西省临汾市中级人民法院民事判决书(2014)临民终字第113号。

后　　记

本书是我在产品责任领域的第三本专题著作，另外两本是同在法律出版社出版的《中美产品缺陷法律制度比较研究》(2010年)和《缺陷医疗器械侵权责任实证研究》(2013年)。

不管血液是否为产品责任意义上的产品，输血感染病毒侵权责任都可以是我产品责任研究涉猎的范畴，但一直以来我对该领域都未给予足够重视。直至2013年夏天，我受四川大学王竹老师委托，着手翻译"世界侵权法大会"欧洲法域各国报告，输血感染病毒致害的救济是其中重要议题之一，我才初步对其有些兴趣，觉得自己应该写点什么。在收集了我国该领域的一些案例后我却发现，即便在《侵权责任法》实施后，绝大多数法院仍在输血感染病毒侵权案件中适用过错责任，而非无过错责任，这与《侵权责任法》第59条的文义理解存在偏差。大会期间，我在自由发言阶段表达了我的观点，让各国与会学者也了解了中国司法实践中输血感染病毒侵权责任相关判决的具体情况。

顺着上述思路，我将上海与河南作为研究对象，对输血感染病毒侵权责任的"基金"和"诉讼"两种模式进行比较，以此为题申请并获得了上海市哲社规划课题一般项目。但正式撰写本书以前，我接受了中山大学张民安老师的建议，以全国各地法院的案例为研究对象，找出输血感染病毒侵权责任更一般的特点和规律，这既是对司法实践的总结，也能为将来的立法和司法实践提供某些一般性的指导。这最终成就了本书。但因某些客观事由，推迟了出版时间，故本书数据统计所用案例收集至2016年7月。

我的学习和研究向来倾向于实用主义，没有能力做，故也不青睐深奥的理论研究，也不愿意陷入无休止的毫无结果的争论中。本书不追求深奥的理论探讨，也不谋求在某场争论中占据上风，只是对司法实践中的案例进行统计研究，让我自己和对该主题感兴趣的读者知道，司法实践到底如何操作，《侵权责任法》第59条到底对法院判决产生了多大影响。初步结论是司法实践多数仍然坚持输血感染病毒致害过错责任，这到底是法官判决的惯性使然，还是多数法官对立法条文理解有所偏差？抑或是"血液合格"的判定仍回归至对采血、输血等行为的判定？《侵权责任法》对输血感染病毒侵权责任各责任主体的责任分担及举证规则等的规定，又对法官判决产生了怎样的影响？这都是本书试图回答的问题。

最后，我还是要落俗套地感谢一些师友。首先感谢杨立新老师，我虽然不同意杨老师的某些观点，但这些观点启发了我，让我找到研究的主题和方向。作为研究者的我们都深知，寻找研究主题的过程最让人痛苦。感谢张民安老师在研究方向和研究内容上提出的宝贵意见；感谢王竹老师、孙维飞老师在写作过程中，不厌其烦地为我解答各种问题；感谢丈夫方向和女儿方玥乔给我的支持；感谢何勤华老师对本书出版的大力支持；感谢法律出版社的沈小英老师和刘晓萌编辑，在本书出版中给予我的巨大理解和照顾；感谢上海市哲社规划办对本书出版的资助。感谢所有直接和间接帮助过我的同仁和朋友。

我深知，任何研究者都有其特定的局限性，我也一样，书中不当之处在所难免，还请读者见谅。

夜深了，纽约的冬天依然下着小雨，就此搁笔吧！

董春华

纽约市曼哈顿哈德逊高地寓所

2017年1月3日

图书在版编目(CIP)数据

输血感染病毒侵权责任实证研究 / 董春华著. —北京:法律出版社,2017.2
ISBN 978-7-5197-0593-0

Ⅰ. ①输… Ⅱ. ①董… Ⅲ. ①输血—医疗事故—侵权行为—民事责任—研究—中国 Ⅳ. ①D922.164

中国版本图书馆 CIP 数据核字(2017)第029515号

输血感染病毒侵权责任实证研究
董春华 著
编辑统筹 财经出版分社
策划编辑 沈小英
责任编辑 沈小英 刘晓萌
装帧设计 李 瞻

出版 法律出版社
总发行 中国法律图书有限公司
经销 新华书店
印刷 北京京华虎彩印刷有限公司
责任印制 吕亚莉
开本 A5
印张 6.5
字数 160千
版本 2017年3月第1版
印次 2017年3月第1次印刷

法律出版社/北京市丰台区莲花池西里7号(100073)
网址/www.lawpress.com.cn
投稿邮箱/info@lawpress.com.cn
举报维权邮箱/jbwq@lawpress.com.cn
销售热线/010-63939792/9779
咨询电话/010-63939796

中国法律图书有限公司/北京市丰台区莲花池西里7号(100073)
全国各地中法图分、子公司销售电话:
统一销售客服/400-660-6393
第一法律书店/010-63939781/9782
西安分公司/029-85330678
重庆分公司/023-67453036
上海分公司/021-62071010/1636
深圳分公司/0755-83072995

书号:ISBN 978-7-5197-0593-0
定价:35.00元